맥킨지 논리력 수업

麦肯锡结构化战略思维

ISBN: 9787115552365

This is an authorized translation from the SIMPLIFIED CHINESE language edition entitled
《麦肯锡结构化战略思维》published by Posts & Telecom Press Co., Ltd., through Beijing
United Glory Culture & Media Co., Ltd., arrangement with Imprima Korea Agency.

문제의 핵심을 꿰뚫는 **5단계 구조화 전략 사고법**

맥킨지
논리력
수업

저우궈위안周國元 지음

차혜정 옮김

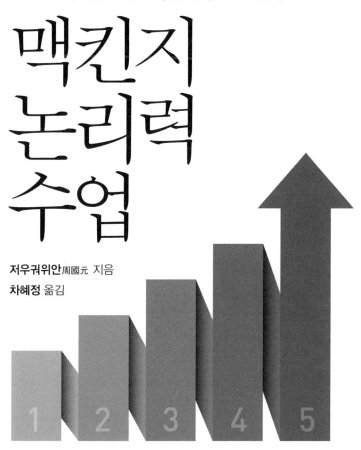

미래의창

현상에 안주하지 않고 제자리에 머물기를 거부하며
발상의 전환을 꿈꾸는 사람들, 배움을 갈구하면서도
이성적이고 낙관적인 태도로 세상에 임하는
모든 평생 학습자에게 이 책을 바친다.

논리적 사고가 필요한 이유

위험은 현실이지만 공포는 선택이다.

— 영화 〈애프터 어스〉

⦂ 빠르게 변화하는 불확실성의 시대

우리는 빠르게 변화하고, 모호하며 불확실한 일들이 가득한 뷰카VUCA 시대에 살고 있다. 변동성Volatility, 불확실성Uncertainty, 복잡성Complexity, 모호성Ambiguity이 높은 뷰카 시대에는 지식이 빠르게 교체된다. 많은 사람들이 새롭게 쏟아지는 개념과 용어의 홍수 속에서 허우적댄다. 빅데이터, 인공지능, 가상현실, 블록체인, 컴퓨터 신경 과학, 적응형 머신러닝[1] 같은 개념들이 다양하게 등장하고 있는데, 단언컨대 이러한 기술들은 사람들의 기존 지식체계를 흔들 거나 송두리째 뒤엎고, 미래의 업무와 생활을 완전히 바꿔놓을 것이다. 넘쳐나는 정보와 빠른 변화에 사람들은 미처 적응할 틈도 없다. 이런 상황에서 과연 누가 이 시대를 선도할 수 있을까?

기업의 시각에서 보면 시장경쟁 구도와 고객 니즈가 분초 단위로 바뀌고 있다. 1990년 이후 태어난 사람들이 벌써 30대에 접어들었고, 2000년대 초반에 태어난 밀레니얼 세대는 어느새 주력 소비층으로 성장했다. 심지어 2010년 이후 출생한 세대도 존재감을 드러내기 시작했다.

기업은 늘 크고 작은 결정을 해야 하고, 시장의 반응은 즉각적이다. 이런 상황에서 미적대는 건 잘못된 선택을 하는 것과 마찬가지로 치명적이며 냉혹한 시장경쟁에서 도태되는 지름길이다. 회피할 수도, 달아날 곳도 없는 상황에서 우리는 민첩한 결단을 내려 운명을 바꿔야 한다.

외부의 변화에 적응하기에도 벅찬데 여기에 갈수록 강력해지는 슈퍼컴퓨터와 AI의 공격에도 대응해야 한다. 지난 10년간 자동화 물결은 단순 반복 작업이 대부분인 제조업을 휩쓸었다. 학습 능력을 갖춘 AI는 이제 무서운 속도로 고임금 직종까지 파고들고 있다. 최근 스탠퍼드대학교에서 진행한 연구에서는 AI가 애널리스트, 세일즈 매니저, 프로그래머, 재테크 상담사 같은 고학력·고소득 직종의 일자리에 미치는 충격이 가장 크며, 그 강도는 자동화로 인한 공장 노동자의 실직 수준을 훨씬 넘어설 것이라고 지적했다.[2]

빅데이터 전문가 빅토어 마이어 쇤베르거는 저서《빅데이터가 만드는 세상》에서 인간과 AI의 궁극적인 차이는 인간에게 있는 본능과 모험 정신, 우연한 사건과 실수라고 예측했다. 요컨대 정확한 답이나 해결 방안이 필요한 일에서 인간은 기계와 경쟁할 생각을 버려야 한다는 말이다. 이토록 엄혹한 비즈니스 환경에서는 관리자와 직원을 막론하고 모두에게 독립적 사고가 필요하다. 비즈니스에 필요한 민첩성과 거시적 관점, 국제적 시야는 물론이고, 빠르게 학습하는 크로스오버 능력, 창업 정신과 혁신 의지까지 갖춰야 한다. 우리는 직장에서 일상적으로 하던 기능과 일은 그대로 유지하면서, 한편으로는 새로운 변화에 대처하여 학습하고 업데이트를 해야 한다. 이는 마치 고속 비행하고 있는 비행기의 엔진을 공중에서 교체해야 하는 상황을 방불케 한다.

이렇게 초조함이 만연하다 보니 뷰카 시대의 직장인들은 대부분 'P.A.I.D_{Pressured, Action Addicted, Information Overload and Distracted}' 상태에 놓여있다. 'Pressured'는 스트레스를 많이 받는 상태를 가리킨다. 시간과 자원이 한정되어 있으니 사람들은 더 많은 임무를 수행해야 하고, 늘 뭔가를 해야 한다. 'Action Addicted'는 심사숙고하느라 기회를 놓치는 것이 두려워 일단 행동에 옮기고 보는 것이다. 'Information Overload'는 정보의 홍수 속에서 정보를 쉽게 구할 수는 있지만, 그 진위를 가리기 어려운 상태를 말한다. 도처에 도사리는 '정보의 소음(거짓 정보 또는 결정과 무관한 정보)'에 노출된 사람들은 판단에 어려움을 겪는다. 마지막으로 'Distracted'는 집중에 어려움을 겪는다는 의미다. 끊임없이 핸드폰을 들여다보며, 인터넷을 단 몇 분만 접하지 않아도 세상과 단절되는 기분을 느낀다. 무언가 하려고 시도해보지만 결국 아무것도 할 수 없는 초조함과 저효율에 시달리게 된다.

: 성패를 가르는 결정적인 선택

개인이든 기업이든 발전 과정에서 중대한 선택을 할 때가 오는데, 이때는 정확한 방향을 선택해야 한다. 개인의 성패와 기업의 존망이 달려 있는 이런 결정적인 선택은 일상의 사소한 선택과는 비교가 안 될 정도로 중요하다. 그 가치가 높다 하여 이를 영어로는 속칭 '백만 달러짜리 질문Million Dollar Questions'이라고 부른다. 기업의 '백만 달러짜리 질문'은 전략 방향과 관계되는 경우가 많다. 제품 포지션을 고가와 저가 중 어느 위치에 둘 것인지, 비즈니스 모델은 온라인과 오프라인 중 어떤 것에 집중할 것인지 선택하는 식이다. 어떤 전략을 선택하느냐에 따라 돌아오는 경제적 수익도 다르며, 심하게는 기업의 성패에도 직접적으로 영향을 미친다. 실전에서 기업이 직면할 수 있는 전략적 문제의 예는 다음과 같다(이 책에서 제시한 사례들은 실제 사례를 토대로 재구성한 것이다).

• 국내 최대 가전제품 기업이 신제품을 확장하려면?

- 국내 최대 컴퓨터 기업의 향후 5년간 글로벌 발전 전략은?
- 세계 500대 의료 설비 기업이 한국 시장에 진출하려면 어떻게 해야 하는가? 제품을 한국 현지에 맞게 설계해야 할까?
- 특정 국가의 중앙은행에 화폐 디지털화 작업이 필요한가? 필요한 경우 어떤 단계로 시행하나?

우리는 누구나 '나'라는 상품을 책임지는 자기 자신의 CEO다. 그러므로 우리가 직무나 일상생활에서 마주하는 중요한 기로에서 잘못된 선택을 한다면 그 영향이 꽤 오래 지속될 것이다. 다음과 같은 중요한 선택은 개인의 발전에 직접적인 영향을 미칠 수 있다.

- 나는 투자를 선호하지만 지금은 IT 업계에서 프로그래머로 일하고 있다. 이 직을 하려면 어떻게 해야 하나?
- 창업을 해야 할까? 창업을 한다면 언제가 적당하며, 어떤 준비가 필요할까?
- 외국 유학을 떠날까, 아니면 국내에서 석사 과정을 마칠까? 학위를 따면 장기적인 발전에 도움이 될까?
- 단체에서 두각을 보이려면 어떻게 해야 하나? 단점을 보완하는 것과 장점을 강화하는 것 중 어느 쪽이 이로울까?

이처럼 기업과 개인에게 매우 중요한 백만 달러짜리 질문들을 마주하다 보면, 평소 P.A.I.D 상태에 놓인 사람들은 불안감이 더욱 가중될 것이다. 이럴 때 한시라도 빨리 합리적 방법으로 초조함을 떨쳐버려야 한다. 그래야 중요한 선택을 앞두고 좀 더 신속하고 나은 결단을 내릴 수 있다.

: '안전지대'와 '빠른 사고'에서 벗어나라

초조함은 주로 미래에 대한 불확실성에서 비롯된다. 예측할 수 없는 일이 자주 발생하고, 잠재적 리스크를 통제하기 어려운 뷰카 시대에는 초조하고 불안한 감정에 사로잡히는 이들이 많다. 문제를 이성적으로 대하고 깊이 분석함으로써 불확실성을 줄여야 이런 불안을 어느 정도 완화할 수 있다.

그러나 이성적 사고와 분석을 지속적으로 실천하기란 쉽지 않다. 많은 이들이 불안하고 초조한 상태를 탈피하고 싶어하면서도, 자신이 처한 상황을 원망하기에만 급급하고 변화 대처에는 소극적으로 임한다. 큰맘 먹고 새로운 시도를 해봐도 얼마 지나지 않아 익숙한 사고 습관으로 되돌아가기 일쑤다. 한편, 늘 배우려는 의지가 있는 '평생 학습자'들은 나름대로 열심히 길을 탐색하지만 체계적인 방법을 몰라 잘 효과를 보지 못하고, 초조한 심리를 벗어나려는 시도가 실패할 때마다 더 큰 무력감과 불안을 느낀다.

이성적으로 사고하고 처리하는 습관을 키우려면 심리적 안전지대와 두뇌의 빠른 사고 본능에서 하루빨리 벗어나야 한다. 심리적 안전지대는 우리의 고정관념과 그로 인해 형성되는 습관, 관념

또는 행위 등을 가리킨다. 개인의 지식수준, 가정 형편, 나이, 경력 등은 안전지대를 구성하는 주춧돌이며, 각종 요소가 상호작용하여 자기 능력의 한계를 정의하고 판단한다. 안전지대는 스스로에게 할 수 있는 것과 할 수 없는 것을 수시로 일깨워준다. 이곳에서 사람들은 편안하고 쾌적한 기분을 느끼며, 스스로 통제할 수 있다는 생각에 안도한다. 이 영역을 벗어나면 왠지 모르게 껄끄럽고 생소하다. 안전지대는 중력의 축과 같아서 현상을 바꾸기 위해 다양한 시도를 해봐도 우리를 늘 익숙한 출발 지점으로 되돌아가게 만든다. 결국 자신이 둘러놓은 울타리 안에 다시 스스로 갇히는 형국인 것이다.

초조해진 뇌는 본능적으로 비이성적 사고를 하게 된다. 우리 두뇌는 주관적 판단과 본능에 따라 움직이며, 업데이트와 혁신을 거부하는 습관이 있다. 노벨상 수상자 대니얼 카너먼 교수는 저서 《생각에 관한 생각》에서 사람의 뇌에는 두 가지 사고 시스템이 있다고 지적했다. 직감과 감성에 기반한 '시스템1(빠른 사고)'과 이성적인 '시스템2(느린 사고)'가 그것이다. 어떤 문제에 봉착했을 때 뇌는 본능적으로 시스템1 회로를 가동하여 과거 경험을 통해 즉각적인 답을 찾으려는 경향이 있으며, 그 답이 다소 억지스러워도 그대로 답습한다. 시스템2는 시스템1에 문제가 생겼을 때 비로소 가동되는데, 더 논리적이고 이성적인 사고로 문제를 분석한다.

예를 들어 3D 영화를 볼 때 호랑이가 화면 밖으로 뛰어나오는 듯한 장면이 나오면 우리는 그것이 그래픽 기술로 만들어낸 허구라는 사실을 알면서도 무의식적으로 움찔하며 피하는 동작을 한다. 이렇게 자동으로 가동되는 시스템1은 인류가 발전하는 과정에서 위험을 피할 수 있도록 하는 중요한 역할을 해왔다. 그뿐만 아니라 빠른 사고는 생활을 단순화해주기 때문에 우리가 매일 아침 일어나 무슨 옷을 입을지, 어떤 순서로 행동해야 할지 고민할 필요 없이 루틴에 따라 행동하게 도와준다. 반면 시스템2는 수동적이어서 시스템1의 도움 요청을 감지했을 때만 가동된다. 이성적으로 사고하는 습관이 형성되지 않은 사람들은 평소 익숙한 문제에 직면했을 때 깊이 생각하지 않고 시스템1을 이용해 상대적으로 안전하며 무리 없는 선택을 한다.

안전지대와 빠른 사고는 사람들을 현실에 안주하게 만들고, 이성적 사고를 통해 불확실성을 줄이려는 노력을 방해한다. 지식이 범람하는 오늘날 많은 사람들은 유료 지식 채널에서 유명 인사의 새해 특별 강연을 듣고 주먹을 불끈 쥐며 새해에는 운동을 시작해야겠다고 결심하곤 한다. 그러나 실제로는 얼마 안 가 소파에 파묻혀 TV나 보며 뒹굴거리는 생활로 돌아오고 만다.

우리는 이런 사고의 안전지대가 주는 속박과 빠른 사고를 요하는 뇌의 습관에서 벗어나 이성적으로 사고할 필요가 있다. 그래야만 조급함을 버리고 '백만 달러짜리 질문'에 자신 있게 대답하고 이성적 사고로 올바른 판단을 내릴 수 있다. 이것이 쌓일 때 일반적인 수준의 결과를 뛰어넘어 우수한 수준으로, 나아가 탁월한 경지로 도약할 수 있다.

: 크로스오버의 귀재, 슬래시족

초조한 심리가 만연한 이 시대에 우리는 주변에서 '슬래시족'을 많이 볼 수 있다. 슬래시족이란 일명 '부캐(부캐릭터)'라고 하는 다양한 직업과 정체성을 가지고 있는 사람들을 의미하는 신조어로, 여러 부캐들을 슬래시slash로 표기한 데서 유래했다. 여기서 슬래시는 여러 선택지 중 하나에 해당한다는 의미가 아니라, 이런 부캐들이 모두 동시에 자신을 표현하는 정체성이며 이들 간 관계가 병렬관계임을 나타낸다.

슬래시족은 초조함과는 거리가 멀다. 이들은 다양한 분야를 넘나드는 크로스오버에 매우 익숙하고, 시대를 혁신하는 트렌드를 이끌며 맹활약을 펼친다. 일론 머스크는 자타가 인정하는 슬래시족의 대부다. 머스크는 금융 전문가, 전기차의 아버지, 우주 탐험가, 혁신가, 몽상가라는 다양한 타이틀을 가지고 있다. 페이팔PayPal로 인터넷 금융을 성공적으로 정의했으며, 자동차 업계에 진출하여 로드스터, 모델S, 모델X 같은 전기차를 출시함으로써 전기차 트렌드에 영향을 미쳤다. 최근 10년 동안에는 팰컨Falcon 로켓을 쏘아올려 국가가 주도했던 기존 항공 산업의 전통을 갈아엎기도 했다. 특정한 한 가지 특기나 직업으로 일론 머스크를 정의하기는 어렵다. 기껏 정의를 내려놓아도 일론 머스크는 자신만의 방식으로 기존의 정의 범주를 뛰어넘을 것이다.

세계 정상급 전략 컨설팅 기업 맥킨지McKinsey & Co.는 슬래시족을 대거 배출한 신기한 기업이다. 나는 맥킨지 홍콩 지사에서 몇 년간 일하면서 수많은 슬래시족과 인연을 맺을 수 있었다. 맥킨지의 슬래시족들은 다양한 영역을 가볍게 넘나들며 여러 가지 일을 동시에 처리한다. 더 불가사의한 일은 그들은 비즈니스에서 성공을 거둠과 동시에 개인의 삶도 화려하게 가꿀 줄 안다는 것이다. 예를 들어 당시 한 동료는 전략 컨설턴트, 투자가이면서 유명 작가, 서예가, 의학박사 타이틀을 갖고 있었다. 또 다른 동료들은 다국적 기업의 고위직, 온라인 작가이자 정상급 화가와 시계 장인이었다. 투자가로 일하면서 술집을 직접 운영하며 재즈 음악을 라이브로 들려주었던 동료도 있었다.

맥킨지는 슬래시족의 진정한 베이스캠프라고 할 수 있다. 이들 간에는 공통점이 많다. 빠르게 학습하면서도 매사를 꿰뚫어 보며 탁월한 자기 통제력과 적응력을 갖췄다. 자신감과 확신, 크로스오버 능력이 뛰어나고, 삶의 방향을 이끄는 감각이 탁월하다. 초조함 따위는 날려버릴 강한 면역력을 장착하고 적극적이고 낙관적이며 친화적인 태도로 주변 사람에게 영향을 미치고 그들을 이끈다.

슬래시족에게는 초조함을 날려버리고 모든 일을 효과적으로 처리하는 특별한 비결이 있을까? 맥킨지가 슬래시족의 베이스 캠프라면 이들의 탄생은 맥킨지에서 사용하는 방법론이나 문화와 필연적인 연관성이 있는 것일까?

: 슬래시족의 비밀은 논리적 사고

맥킨지는 세계적으로 유명한 전략 컨설팅 기업이자 대기업의 각종 비즈니스 난제를 해결해주는 싱크탱크 기업이다. 맥킨지는 다양한 업종의 고객들을 상대하기 때문에 전략 컨설팅 분야가 매우 광범위하다. 따라서 모든 컨설턴트에게 해당 분야의 전문 지식을 요구하기란 거의 불가능하다. 컨설턴트의 입장에서는 모든 프로젝트가 단기간에 이루어지는 고강도의 크로스오버에 속한다.

전략 프로젝트를 할 때는 업종과 주제가 가변적일 뿐 아니라 시간을 포함한 각종 자원도 항상 부족하다. 전략 프로젝트에 임하는 맥킨지의 컨설팅 팀은 대체로 3~5명으로 구성된다. 컨설턴트들은 재빨리 학습하고 적응하여 2~3개월 안에 세계 500대 기업이 중대한 전략을 수립하는 데 필요한 신뢰할 만한 의견을 제시해야 한다.

대다수 컨설팅 기업이 각 분야별로 전문가를 배치하고 특정 분야의 컨설턴트를 양성하는 데 반해 맥킨지는 수십 년간 한 가지에만 전념했다. 각 컨설턴트의 학습 능력과 문제 해결 능력을 체계적으로 육성하고 강화함으로써 이들을 각종 프로젝트에 빠르게 적응할 수 있는 일당백의 '제너럴리스트'로 키우는 것이다.

불확실성이 초조함을 유발한다는 단순한 논리에 따르면 맥킨지처럼 불확실성이 가득한 기업은 당연하게도 초조함의 진원지로 보일 것이다. 그러나 맥킨지의 팀원들은 초조함과는 거리가 먼 건강한 심리 상태로 프로젝트에 임한다. 이들은 스트레스에 노출되어도 초조한 기색을 보이지 않는다. 잘 훈련된 컨설턴트들은 자신감을 가지고 각종 까다로운 비즈니스 난제들을 일사불란하고 효율적으로 해결한다. 그리고 그들은 맥킨지를 떠난 후에도 여전히 슬래시족으로 살아간다. 이것만 봐도 맥킨지의 학습 방법이 단기 프로젝트에 효과적일 뿐 아니라, 각 개인의 인생에도 좋은 영향을 끼쳤다는 사실을 알 수 있다.

불가능을 가능하게 한 맥킨지의 비밀 병기는 무엇일까? 이들은 어떻게 단기간에 학습하고 크로스오버를 수행하여 전략 수립에서 업계를 리드하는 전문가 수준에 도달할 수 있었을까? 맥킨지의 성공 요인으로 인재 선발, 브랜드, 기업 관리와 기업 문화 등 여러 가지를 들 수 있다. 그러나 맥킨지 내부에서 실제로 사용하는 논리적 사고법과 그 활용 방법이야말로 성공의 핵심 병기이며, 이 책에서 이야기하는 주제다. 그럼 지금부터 어떻게 논리적으로 사고하고, 문제를 해결하며, 효율적으로 소통할 수 있는지 그 방법을 하나씩 알아보자.

Contents

PART 1 개념편

1장 맥킨지식 논리적 사고법

2장 구조화 전략 사고의 핵심, '차원'

3장 논리적 사고 4대 원칙

PART 2 활용편

PART 1

개념편

맥킨지식 논리적 사고법

비즈니스에도 전략이 필요하다

맥킨지식 논리적 사고법이란 한마디로 '구조화된 전략적 사고'다. 이는 어떻게 학습하는지를 배우는 일종의 인지 방법으로, 비판적 사고Critical Thinking의 한 형태이자 숫자와 논리에 기반한 이성적 과학 방법론이며 실용적 기술이다. 구조화 전략 사고라는 개념은 '구조화'와 '전략' 두 부분으로 나뉘는데, '구조화'는 방법과 수단을, '전략'은 문제의 속성과 깊이를 말한다.

2장부터는 많은 지면을 할애하여 구조화에 대한 상세한 내용을 다룰 것이다. '차원'이라는 개념과 차원을 나누는 MECE 원칙, 그리고 구체적 활용에 대해서도 다룰 예정이므로 여기서는 상세한 설명을 생략한다.

전략의 개념과 전략적 사고의 특징부터 살펴보자. 전략이란 지속 가능한 경쟁 우위를 유지하기 위한 방침과 계획으로, 단기적인 이익을 위한 비즈니스 기술과는 다르다. 고전 작품에도 이와 유사한 전술들이 많이 나오는데, 어떤 차이가 있을까? 제갈공명이 작은 배 20척에 짚더미를 쌓고 조조 진영에 다가가 화살을 쏘게 하여 10만 대에 달하는 화살을 획득했던 것에서 유래한 초선차전草船借箭, 위급할 때 성을 비워 적을 교란하는 공성계空城計, 제나라 장군 전기田忌가 말 경주에서 3등 말을 적의 1등 말과, 1등을 적의 2등과, 2등을 적의 3등과 겨루게 하여 2:1로 승리한 전기새마田忌賽馬 등을 예로 들 수 있다. 그러나 이런 전술은 현대 경영학에서 말하는 전략과는 정의가 다르다.

'전기새마'의 경우, 전기 장군은 전술에서는 이겼으나 전략의 관점에서 볼 때 그의 말들은 이미 실력이 형편없었다. 상대 팀은 의심의 여지가 없는 지속 가능한 경쟁 우위를 갖추고 있었다. 상대 팀의 모든 말이 전기 팀에서 가장 우수한 말보다 훨씬 빠르게 달렸기 때문이다. 전기의 승리는 정보가 제대로 전해지지 않은 특수한 상황이었기에 가능한 일이었고, 경기의 규칙이 조금만 바뀌어도 전기는 패배를 면할 수 없었을 것이다.

전략적 사고는 이처럼 한 번의 승리를 위한 전술이 아닌, 장기적이고 지속 가능한 우위를 구축하고 유지하려는 사고 과정이다. 기업과 개인의 발전 초기, 그리고 중요한 전환점에서 때로는 훌륭한 선택을 하는 것이 어떤 노력보다 빛을 발하기도 한다. 전략적 사고는 전문가 사고와는 반대되는 사고방식으로, 과거의 경험을 내려놓고 틀을 뛰어넘는 사고를 통해 중장기적 발전 방향을 모색하는 것이다.

따라서 전략적 사고는 지식을 정적으로 학습하는 것과는 다르다. 잔꾀와 같은 수준의 전술을 뛰어넘어, 기업이나 개인이 불확실한 미래 속에서 논리에 기반한 이성적 선택을 함으로써 불필요한 시행착오와 자원 낭비를 피할 수 있게 해준다.

구조화된 전략적 사고는 후천적으로 습득할 수 있는 사고방식과 업무 방법이다. 이 방법을 학습하고 지속적으로 실천하면 스스로를 옥죄는 안전지대를 벗어나, 이성적인 '시스템2'에 능하게 되며, 빠른 학습과 인지가 가능하여 어려운 문제를 자신감을 가지고 체계적으로 해결할 수 있게 된다.

2장

구조화 전략 사고의 핵심, '차원'

문제를 보는 관점을
재정립하라

: 전문 지식이라는 함정

초조함이 만연한 불확실성의 시대에 분야를 넘나들며 활동하는 슬래시족들은 트렌드를 선도하며 추앙받기도 하지만, 때로는 부러움과 질투의 대상이 되기도 한다. 어떤 사람들은 그들의 뛰어난 능력과 우수한 성과를 '천부적인 재능', '좋은 운' 때문이라거나 심지어 '속임수'에 불과한 것이라고 치부하며 이렇게 질문한다.

- 그들은 왜 어떤 문제든 대응할 수 있는 아이디어가 있을까?
- 그들은 어떻게 다른 분야를 가볍게 넘나들 수 있을까? 전문 지식이 없는 그

들에게 이런 일이 가능한가?

· 맥킨지가 다양한 업종의 기업에 중대한 정책 제안을 할 수 있는 비결은 무엇일까? 기업 내부에 설마 전문가도 없다는 말인가?

이 질문을 보면 사람들이 문제를 어떻게 바라보는지 알 수 있다. 사람마다 각자의 전공 분야가 있으며, 다른 분야를 넘나들기 위해서는 반드시 전문 지식을 익혀야 한다는 관점이다. 이들은 전문 지식이 없으면 다른 분야의 크로스오버는 불가능하며, 도전을 할지라도 뿌리 없는 나무에 불과하다고 생각한다. 문제를 바라보는 관점이 이토록 다르니 도전에 임하는 행동도 달라지고 성과도 달라진다.

평소 생활 속에서 우리가 어떤 문제나 이슈를 맞닥뜨렸을 때도 마찬가지다. 익숙한 주제가 나오면 우리는 부담 없이 자신의 관점을 사람들 앞에서 이야기한다. 의사는 약의 작용에 대해, 프로그래머는 IT 분야에 대해 자신 있게 이야기하며, 스타트업 대표는 창업의 어려움을 토로한다. 웬만한 사람들은 자신이 잘 아는 지식이나 경험한 내용에 대해서는 의견을 발표하는 데 어려움이 없다.

그러나 안전지대를 벗어나 잘 모르는 주제가 나오면 대부분 움츠러든다. 의사나 프로그래머에게 기업의 수익 모델을 창출하는 방법을 물으면 대부분 자신이 그 분야의 전문가가 아니라는 이유로 겸손한 태도를 취하며 발언권을 전문가에게 돌린다. 발언권을 남에게 돌리는 순간, 뇌의 주도적 사고 활동이 상당히 억제된다. 이것이

지속되면 나중에는 사고 회로를 완전히 닫아버리고 정보가 입력되기를 기다리는 수동적 의존 상태에 처할 수 있다. 전문가가 한마디 하면 권위에 대한 신뢰감으로 그의 관점을 받아들이며, 반복하고 전파하게 되는 것이다.

예로부터 우리는 아는 것을 안다고 하고 모르는 것을 모른다고 해야 한다고 배웠고, 모르는 것이 있으면 남에게 묻는 것을 미덕으로 여기고 장려했다. 그런데 뿌리 깊은 수동적 학습 태도와 사고를 거치지 않는 단순한 지식 전달 행위는 일정량 이상의 도파민을 생성하여, 우리 몸과 마음을 즐겁게 한다. 이때 자신이 아는 지식을 전달하면서 남을 위해 좋은 일을 한다는 뿌듯함까지 느낀다.

그러나 비판적 사고자들은 그렇게 생각하지 않는다. 이들은 안전지대를 벗어나 크로스오버 문제에 직면할 때, 권위 있는 전문가의 의견에 의존하고 이를 기계적으로 반복하는 것이 마치 '구경꾼'처럼 그저 일방적으로 주입되는 정보를 받아들이는 것에 불과하다고 여긴다. 비판적 사고자들은 구경꾼들과 전혀 다른 태도로 문제를 대한다. 먼저 자신을 '문제를 해결하는 사람'으로 정의하고, 조용한 구경꾼이 되기를 마음속으로부터 거부하고 문제에 적극적인 '진격' 태세를 갖춘다.

물론 이런 태도만으로는 충분하지 않다. 문제에 임할 때는 체계적인 해결 방법이 있어야 한다. 비판적 사고자들은 늘 질문을 하며 문제를 해결하려고 애쓰는 한편, 다양한 사고방식의 종류와 각 사고방식의 한계점을 잘 알고 있다. 사고방식은 인지의 과정과 방향에 따라 크게 둘로 나눌 수 있는데, 아래에서 위로 향하는 '상향식 전문적 사고'와 위에서 아래로 향하는 '하향식 전략적 사고'다.

: 상향식 전문적 사고

전문적 사고는 우리에게 가장 익숙한 사고방식이다. 아래에서 위로 향하는 상향식 학습 방법은 우리 교육 시스템에서 흔히 볼 수 있다. 학교에서 선생님은 교과서 첫 페이지부터 시작하여 순서대로 강의하고 마지막에 학생들의 이해도를 확인하기 위해 시험을 실시한다. 상향식 방법의 경우 기초적(아래쪽)인 세부 지식을 쌓은 후 전반적(위쪽) 지식을 습득하며, 이 단계에 이르러야 비로소 전문적인 판단을 할 수 있다. 이런 학습 방법은 모든 것을 습득해야만 그에 대한 자신의 관점을 발표할 수 있는 전문적 사고라는 모델을 만들어냈다. 요컨대 아는 것을 안다고 하고 모르는 것을 모른다고 하는 것이다. 때문에 자신이 모르는 전문 지식에 대해서는 감히 입을 떼지 않으며, 전문 지식 없이 도출한 의견은 속임수라고 배척한다.

전문적 사고의 장점은 뚜렷하다. 계속 반복되는 구체적인 기술과 관련된 문제에는 전문 지식과 경험을 쌓은 숙련된 사람이 적임자다. 수술이 필요할 때 실습 의사에게 자신의 몸을 맡기려는 환자는 없을 것이다. 대부분 경험이 풍부한 의사에게 맡기길 원한다. 반복해서 발생하는 기술적 문제에 임할 때 전문가들은 경험으로 터득한 최적의 솔루션을 사용해 시행착오를 피할 수 있다. 이런 방법은 솔루션 품질을 확보해주는 동시에 힘을 덜 들이고 빠르게 대량 복제를 하게 해준다.

전문가의 자신감은 전문성과 과거 경험에서 비롯된다. 이는 사람들이 전문가를 신뢰하는 주된 이유이기도 하다. 자신 있게 문제에 임하는 전문가의 반응은 대체로 다음과 같다.

- 나는 이 분야를 전공했어!
- 나는 이와 유사한 N개의 프로젝트를 성공적으로 수행했지!
- 이와 유사한 프로젝트가 성공한 사례를 봤으니 참고할 수 있어!

그러나 상향식 전문적 사고방식은 그 한계 또한 뚜렷하다. 첫째, 학습 주기가 길다. 전문 분야가 점차 세분화되고 익혀야 할 지식이 방대해지면서 한 개인이 다양한 분야의 전문가가 되기 어려워졌다. 르네상스 시대에 회화, 생물학, 식물학, 건축학을 비롯해 다양한 분야에서 활약했던 레오나르도 다빈치 같은 인물이 오늘날에는 나오기 어렵게 된 것이다. 특정 분야에 능통하는 것만으로도 힘겨운 상황에서 여러 분야를 모두 학습할 시간이 없다. 따라서 전문적 사고의 긴 주기가 크로스오버의 장벽이 된다. 이렇게 긴 시간에 걸쳐 세밀함을 요하는 상향식 학습은 '바닷물을 끓여서 물 한 바가지를 뜨는 과정'이라고 일컬어질 정도이니 시간의 압박을 받는 상황에서는 사용할 수 없다.

전문적 사고의 또 다른 한계는 전문성과 경험을 적절히 활용하지 않으면 혁신에는 오히려 큰 방해가 된다는 점이다. 아래에서 위로 향하는 생각의 방향은 그 자체로 상자 밖 사고Out-of-the-box Thinking(기존의 고정관념을 뛰어넘어 새로운 시각으로 혁신을 도출하는 사유 방식)라는 새로운 충격 요소를 배제한다. 대를 이어 전해오는 전형적인 생각들은 사회 현실과 더 이상 맞지 않다고 해도 수정하기 어려운 것처럼 전문가들은 과거에 전문성을 발휘하여 성공했던 경험을 자기도 모르게 남용할 수도 있다. 이들은 대체로 새로운 문제를 과거의 방법으로 해결하려는 습관이 있다. 그러나 '망치를 들고 있으면 모든 것이 못으로 보이기 마련'이고 그런 식으로 망치를 휘두르다 보면 잠재적 위험이 커진다.

⁝ 하향식 전략적 사고

하향식 전략적 사고는 인지의 방향과 순서에서부터 전문적 사고와는 다르다. 전략적 사고는 '구조화된 전략적 사고'의 약칭으로, 먼저 지식부터 축적하는 기존의 전문적 사고를 뒤집는 발상이다. 이러한 사유 방식은 전문 지식과 경험 부족을 고민할 필요 없이 직접 문제 자체(위쪽)부터 손을 대는 것이다. 먼저 문제의 정의를 자세히 살핀 후, 전략적 분해 방법으로 문제를 분석한다. 또한 빈틈없는 논리에 따라 가설을 제시하며, 데이터 수집과 분석을 통해 이를 증명하거나 기존의 가설을 뒤집고 새로운 가설(아래쪽)을 세운다. 이런 식으로 순환하면서 문제의 핵심을 끊임없이 파헤쳐 최종 솔루션을 도출한다.

사실 사유 방식 간에는 우열의 차이가 없다. 오히려 전문적 사고와 전략적 사고는 상호 보완관계다. 우리는 다양한 상황에서 이 둘을 적절히 사용해 문제를 해결할 수 있다. 그러나 시간에 쫓기거나 전문 지식이 부족할 때, 자원이 한정되어 있고 참고할 만한 경험이 없을 때, 또는 문제가 전체 국면이나 큰 방향으로 편중되는 특정 상황에서는 하향식 전략적 사고가 효과적이다. 특히 분야를 넘나드는 전략 문제에 임할 때 유리하다.

여기서 중요한 사실은 전략적 사고는 사람들에게 '할 수 있다'는 자신감을 준다는 점이다. 비판적 사고자의 자신감은 전문 지식과 경험이 아닌, 구체적인 기술을 초월하는 '문제 해결 능력'에서 비롯된다. 비판적 사고자들은 백만 달러짜리 질문 같은 중대한 전략 문제들을 업종, 기업 규모, 현황, 과학기술, 제품에 존재하는 차이와 상관없이 본질상 같은 문제라고 본다. 그렇기에 하향식 전략적 사고로 문제의 근본적인 해결 방안을 찾아간다.

크로스오버의 단축키, '프레임워크'

전략적 사고를 하려면 분야를 초월해 더 높은 차원에서 모든 해결 방법을 찾아야 한다. 분야가 달라도 성격이 유사한 전략 문제라면 그 문제의 해결 방안은 분야를 뛰어넘는 보편성을 갖춘 것으로 볼 수 있다. 슬래시족들이 전략 문제에 임할 때 풍부한 전문 배경지식 없이도 자신만만하게 해결하는 비결이 여기에 있다. 이들은 마치 주머니에 만능 해결 단축키를 넣고 다니는 것처럼 모든 문제에 여유로운 태도로 임한다.

다음은 우리가 현실에서 흔히 접하는 기업전략 문제와 그 답변이다. 이를 통해 하향식 전략적 사고의 기본 루틴이 무엇인지 살펴보자.

예1: 구조조정 문제

Q: 기업의 구조조정은 어떻게 할까?

A: 인재, 시스템, 프로세스 세 가지 측면에서 문제를 바라본다.

예2: 성공 요소의 문제

Q: 프로젝트를 성공적으로 수행하려면?

A: 팀의 능력, 동기, 동원 가능한 자원 세 요소를 갖춰야 한다.

예3: 수익 능력 문제

Q: 기업이 순이익을 증가시키려면?

A: 수입은 늘리고 지출을 줄이는 두 가지 방침을 지켜야 한다.

비즈니스 난제들을 이렇게 간단하게 나누어 해석해보았다. 여기서 논리 구조에 따라 더 깊이 있는 수준으로 분류할 수 있다. 기업 구조조정 문제를 인재, 시스템, 프로세스로 나누었는데 이를 더 세분화하면, 인재는 인적자원 관리의 관점에 따라 인재 초빙, 훈련, 성장, 인센티브 등으로 나누고, 시스템은 기능과 역할에 따라 고객관리, 프로젝트관리, 재무관리 등으로 나눌 수 있으며, 프로세스는 제품의 생명주기에 따라 연구개발, 생산, 판매, 애프터서비스 등으로 나눌 수 있다. 심층까지 파헤치면 나무 모양의 로직 트리logic tree(도표 2-1 참조)가 만들어진다. 이 로직 트리를 따라가면서 가치 있는 세부 토론을 하면 된다.

도표 2-1 기업 구조조정 문제의 핵심 요소

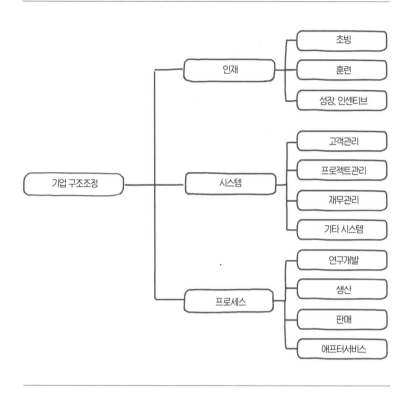

이같이 문제를 구조적으로 분류하는 사고 루틴을 프레임워크라고 한다. 여기에는 몇 가지 장점이 있다. 첫째, 이 방법으로 분류한 프레임은 논리가 탄탄하기 때문에 까다로운 사람들이라도 허점을 찾아내기 어렵다. 둘째, 이 구조는 특정 산업이나 프로젝트를 뛰어넘는 보편적인 특성이 있다. 다시 말해 특정 문제의 배경을 이해할 필요 없이 동일하거나 유사한 문제에 대해 위의 구조를 대입하여 표준 답안을 얻을 수 있다는 것이다. 이것이 바로 우리가 찾던 크로스오버의 '단축키'다. 셋째, 처음에는 분석의 윤곽선이 거칠 수 있지만, 프레임워크가 심층적 사고의 출발점이 되어 한층 더 깊은 세부 토론으로 발전하도록 이끈다.

프레임워크는 본질적으로는 특정 문제에 대한 구조화 분류를 마친 전략적 사고의 산물이다. 올바른 문제관을 수립하고 논리적 사고법의 기본기를 익히면, 어떤 문제에도 자신감과 능력을 갖추고 임하여 실제 문제에 적합한 훌륭한 프레임워크를 많이 만들어낼 수 있다. 이를 통해 우리는 일을 하기 전에 생각을 명료화하고 본격 작업에 돌입해 효과적으로 일을 처리할 수 있을 것이다.

분류는
논리적 사고의 출발점이다

∶ 단어 분류하기

논리적 사고법의 기본기인 구조화 분류는 쉽게 말하면 '나누기'다. 문제를 위부터 아래 방향으로 분석하면서 차원에 따라 더 상세하게 분해하는 것이다. 구조화 분류의 최종 형식은 나무 모양의 논리 구조가 대부분이다.

구조화 분류를 하면 문제 분석에 명확한 구조와 순서를 부여해주기 때문에 문제를 당장 해결하고 싶은 충동을 어느 정도 억제할 수 있다. 구조화 분석 능력이 부족하면 토론과 정책 결정 과정에서 중요한 문제를 앞에 놓고 주제와 관련 없는 엉뚱한 아이디어만 늘어놓게 된다. 결국 시간을 낭비하게 될뿐더러, 최종 의사 결정의 질도 보장할 수 없게 되는 것이다. 구조화 분류는 앞에서 언급한 본능적인 '빠른 사고'와는 달리 의식적이고 자기 주도적인 행동이다. 이는 하루아침에 갖춰지는 능력이 아니니 점진적으로 훈련해가야 한다.

먼저 간단한 '단어 나누기'를 통해 분류의 법칙과 기능을 알아보자. 단어의 하위 범주를 나누는 것은 우리가 어릴 때부터 해온 필수 학습 내용이기 때문에 상대적으로 이해하기 쉬울 것이다. 기억을 더듬어 초등학교 국어 시간을 회상해보자. 선생님이 칠판에 '사람'이라는 글자를 쓴 다음 학생들에게 묻는다. "사람은 어떤 식으로 나눌 수 있죠?" 학생들이 앞다퉈 대답한다. "남자와 여자요!" 선생님은 이렇게 말한다. "맞아요. 그건 성별로 나눈 거네요." 학생들이 이어서 "회사원, 의사, 경찰……"이라고 말하고 선생님은 고개를 끄덕이며 그것은 직업에 따른 분류라고 설명한다. 그런데 만약 "사람을 경찰과 여자로 나눌 수 있어요!"라는 대답이 나오면 선생님은 분류가 잘못됐다고 지적할 것이다. 직업과 성별이라는 서로 다른 기준에 따라 분류했기 때문이다.

구조화 전략 사고법에서는 이런 기준들을 '차원'으로 통칭한다. 우리가 자주 사용하는 모든 명사는 다양한 차원에서 하위 범주로 나눌 수 있다. 그중에서도 사람을 분류할 때 사용하는 차원은 지역, 국적, 성별, 연령, 재산, 키, 학력 등 무척 다양하다. 요컨대 사람을 묘사하는 모든 형용사는 사람을 구분하는 차원이 될 수 있다는 말이다. 논리적 사고 능력의 소유 여부로 사람을 구분하면 '비판적 사고자' 혹은 '구경꾼'으로 나눌 수 있다.

⫶ 분류의 핵심, MECE 원칙

단어를 나눌 때 사람들이 알게 모르게 지키는 기본 원칙은 MECE(미시) 원칙이다. 이 원칙은 'Mutually Exclusive, Collectively Exhaustive'의 약어로, 다음과 같은 뜻을 지닌다.

(1) 하위 범주는 서로 독립되어 겹치지 않아야 한다.

(2) 하위 범주를 더하면 누락 없이 전체를 이뤄야 한다.

언뜻 보면 심오하고 까다로운 원칙 같지만, 사실 많은 경우에 우리는 무의식적으로 이 원칙을 활용하고 있다. 특히 자주 쓰는 단어를 나눌 때 자연스럽게 이 기본 원칙에 따르기에 분류 결과가 원칙에 어긋나면 문제점이 쉽게 눈에 들어온다. 만약 성별에 따라 사람을 남자와 여자로 나눈다면 이 분류는 MECE 원칙에 부합한다. 첫째, 하위 범주인 남자와 여자는 논리적으로 서로 겹치지 않는다. 다시 말해 모든 사람은 남자가 아니면 여자이며, 남자이면서 여자이기도 한 사람은 없다(여기서는 젠더 다양성에 관한 논쟁은 다루지 않겠다). 전통적 관점으로 볼 때, 성별에 따라 사람을 남자와 여자로 나누는 것은 하위 범주는 상호 독립되며 겹치지 않아야 한다는 첫 번째 요구를 충족하며, 남자와 여자의 총합은 전체 사람의 수와 같아야 한다는 두 번째 요건을 충족한다.

앞에서 나온 '사람을 경찰과 여자로 나눈다'는 분류는 MECE 원칙 두 가지에 모두 위배된다. 하위 범주가 서로 독립되며 겹치지 않아야 한다는 첫째 원칙에 대해서는 경찰에는 여자 경찰이 포함되기 때문에 하위 범주가 서로 겹친다. 게다가 둘째 원칙에도 어긋난다. 경찰과 여자를 더한 수는 전체 사람의 수와 맞지 않는다. 예컨대 남자 교사는 경찰과 여자의 집합에 속하지 않는다.

MECE 원칙은 단어를 나누는 규칙일 뿐 아니라 문제를 논리적으로 분해하는 핵심이다. 이 점에 관해서는 뒤에서 좀 더 깊이 있게 다룰 것이다. MECE 원칙을 이용해 구분할 때, 특히 비즈니스 전략 문제를 다룰 때는 분류 기준이 구체적이고 측정 가능해야 한다. 객관적 기준이 부족할 경우, 분류의 결과가 MECE 원칙을 충족하더라도 하위 범주의 특성을 정확히 판단하기 어렵다. 만약 단순히 '좋은 것'과 '나쁜 것'이라는 도덕적 기준으로 문제를 분류하게 되면 구체적이고 측정 가능한 기준이 아니므로 결국 다음 단계에서 어려움에 직면할 것이다.

논리적 사고법은 단순한 기준으로 과학적이고 정확하게 구분하는 것을 지향한다. 좋은 것과 나쁜 것을 확실한 데이터로 구분하려면 모든 판단에 충분하고 구체적이며 측정이 가능한 지침이 제공되어야 한다. 그런데 이것은 사실 칼로 자르듯 쉽게 판단할 수 있는 일이 아니다. 예를 들어 한 사람이 좋은 사람인지 나쁜 사람인지를 판단하려면 우선 무슨 도덕 기준을 구분의 기초로 삼을 것인지 정해야 한다. 이 세상에는 수많은 도덕 기준이 있으며, 심지어 어떤 기준은 상호 모순되기도 한다.

도덕 기준의 배경을 통일한 후에도 그에 맞는 구체적 행위 기준을 도출해야 한다. 공익을 위한 기부가 좋은 행위라면 기부를 얼마나 자주, 얼마나 많이 해야 좋은 행위라는 기준에 도달할까? 개인의 재산 총액에 비례해서 정해야 할까? 그렇다면 그 비율은 과연 어느 정도로 정해야 할까? 기부와 다른 유사한 행위 간에는 어떤 관계가 있을까? 이런 식으로 구체적인 문제들이 잇달아 등장하며, 그때마다 답변을 심층적으로 논의해야 한다.

우리는 흔히 좋은 사람과 나쁜 사람이라는 잣대로 사람을 평가하는데, 논리적 사고법의 맥락에서 보면 이런 평가의 기준이 사실은 매우 복잡하고 측정하기 어렵다는 것을 알 수 있다. 이 경우에 자칫 분류의 범위가 지나치게 넓어져서 깊이가 충분치 않은 결과를 도출할 위험이 있다. 비즈니스 협상에서 쌍방이 분명히 같은 관점을 이야기했는데 나중에 딴소리를 하며 언성을 높이는 일이 비일비재한 것도 같은 맥락이다. 이런 논쟁이 생기는 근본적 원인은 '좋고 나쁨'과 '옳고 그름', '공정과 불공정'을 나누는 차원에 대해 구체적으로 측정할 수 있는 합의된 기준이 없어서 상대방의 의사를 제대로 이해하지 못했기 때문이다.

⠸ 단어 분류하기에서 인사이트를 얻다

여기까지 읽고 단어 분류하기가 지극히 간단한 연습이라고 생각하거나 분류와 MECE 원칙이 별로 중요하지 않다고 판단했다면 이는 잘못된 생각이다. 분류는 논리적 사고의 출발점이다. 비즈니스 상황에서 자주 쓰는 핵심 단어('고객', '제품' 등)를 분류하는 것만으로도 예상 밖의 비즈니스 인사이트를 도출할 수 있다.

정확한 분류는 기업전략의 방향을 제시해준다. 5년 전, 나는 한 유명 핸드폰 브랜드의 기업전략 프로젝트에 참여한 적이 있었다. 프로젝트를 진행하면서 중간 관리층을 상대로 설문 조사를 실시했는데, 그중에는 "핵심 소비자들의 특징이 무엇이라고 생각하는가?"라는 내용이 있었다. 단순해 보이지만 알고 보면 상당히 도전적인 질문이다. 설문에 응하는 중간 관리층에게 주력 제품의 타깃층 이미지를 설명하라는 요구였다. 중간 관리층과 일선 직원들이 같은 대답을 한다면, 제품전략이 제대로 세워졌고 일관된 포지션을 구현했다는 결론을 내릴 수 있다.

설문 조사 결과는 놀랍게도 일치했다. 모든 응답자가 이구동성으로 주력 제품의 핵심 고객이 '2·3선 도시(인구 300만~1,000만 명으로 경제가 비교적 발달한 중소도시)에 거주하는 젊은 여성'이라고 대답한 것이다. 우리는 한 마디로 집약한 고객 이미지를 자세히 들여다보았고, 여기서 세 가지 다른 차원으로 핵심 고객 그룹을 분명히 정의했다. 첫 번째 차원은 대도시가 아닌 중소도시라는 '지역'이다.

두 번째 차원은 '연령'으로, 17세부터 30세까지의 젊은 연령대를 타 깃으로 잡았다. 세 번째 차원은 여성이라는 '성별'이다. 고객의 이미 지는 제품과 시장전략의 방향 및 정책을 결정하는 중요한 요소로, 핵심 부서의 업무 방향을 이끌 수 있을 정도로 막강하다. 이 기업 은 고객을 여러 차원에서 구체적으로 분류하여 다음과 같은 전략 을 펼쳤다.

첫째, 연구개발 부서는 2·3선 도시 젊은 여성의 핵심 니즈에 주 목하여 제품을 개발했다. 제품은 기능은 물론 가격에서도 우위를 갖춰야 하기 때문에, 제품 가격 결정 시에 2·3선 도시 거주민의 소 비 수준에 맞게 결정했다. 디자인 또한 타깃층의 선호도에 맞춰 정 교하고 부드러운 느낌을 추구하고, 여성 소비자가 선호하는 색깔 을 반영해 제작할 수 있다. 기능을 설계할 때는 뛰어난 카메라 기 능을 탑재하는 것은 물론, 인물 사진 모드를 강화하고, 사진 보정 기능을 발전시켜서 고객의 니즈를 충족하도록 했다.

둘째, 마케팅 부서에서도 분명한 방향성을 갖게 됐다. 당시 2·3선 도시의 젊은 여성 중에는 한류 문화에 열광하는 사람들이 많았다. 이 기업은 몇 년 연속 한국과 유럽의 스타 연예인을 핸드 폰 브랜드 광고 모델로 내세워 홍보했다. TV 광고와 예능 프로그 램을 통해 2·3선 도시의 미디어 채널을 장악하여 잠재적 고객들에 게 광고를 내보내는 건 어렵지 않다. 기업 내부 조사 결과, 놀랍게 도 중국산 핸드폰 브랜드의 영향력이 비교적 낮았던 2010년대 초 에 목표 고객인 2·3선 도시의 젊은 여성들은 대부분 이 브랜드가

해외 고급 핸드폰 브랜드라고 알고 있었다. 타깃층의 취향과 선호도를 분석해 구매 동기를 끌어올린 것이다.

고객군을 확실히 구분하여 얻는 이익은 연구개발과 마케팅 분야에만 그치지 않는다. 판매, 유통 등 다양한 부서에서도 분명한 목표 고객을 알게 됨으로써 여러 가지 이득을 얻을 수 있다. 점포에서는 진열 스타일을 고객의 취향에 맞춰 목표 고객을 끌어들일 수 있다. 물품을 비치할 때도 최대한 핵심 고객에 적합한 제품 모델을 우선적으로 구비해야 한다.

이렇게 해서 2·3선 도시의 젊은 여성이라는, 언뜻 보기에는 간단한 듯한 고객 분류를 통해 브랜드의 핵심 고객을 확실히 포지셔닝했으며, 이를 바탕으로 제품과 시장전략에 관한 핵심 정책을 결정했다. 이러한 다차원의 분명한 고객 이미지 분석은 이 회사가 국내 최대 판매량을 자랑하는 핸드폰 기업으로 발돋움하는 데 큰 도움이 됐다.

고객을 정확하게 분류하는 것뿐만 아니라 제품을 분류하는 것도 기업전략에 거대한 영향을 미친다. 이번에는 제품의 분류에 관한 실전 사례를 보자. 나는 연예기획사인 B사의 기업 컨설팅을 맡은 적이 있는데, 이때 제품/서비스를 나누는 방법으로 소속 아티스트들을 효과적으로 관리할 수 있는 가치체계를 마련할 수 있었다. 당시 B사는 새로 계약을 체결한 아티스트들이 늘어나 일상 관리에 어려움을 겪고 있었다. 자원은 제한된 상황에서 어떻게 해야 아티스트에 대한 자원 배치를 최적화하고 그들의 성과를 규범화하여 기업 수익을 극대화하느냐가 관건이었다. 다시 말하면 B사의 제한된 자원을 최적화된 방식으로 소속 아티스트에게 분배해야 더 많은 돈을 벌어들일 수 있는 상황이다.

연예기획사의 입장에서 제품 및 서비스는 바로 소속 아티스트와 그들의 소중한 시간이다. 아직 성장 초기 단계였던 B사에는 베테랑 매니저 2~3명과 메이크업 담당, 스타일리스트와 촬영기사로 구성된 지원 팀밖에 없었다. 업무가 점점 늘어나면서 자원 배분이 난제로 떠올랐다. 디지털 관리가 부족한 상황이었고, CEO가 일일이 모든 자원 배분에 관여하고 있었다. 유망주 아티스트가 속속 합류하자 소속 아티스트들은 사내의 제한된 자원을 놓고 서로 경쟁하는 관계가 됐다. CEO의 주관적인 판단으로 이루어지는 가까운 관계 위주의 자원 배분과 승진 규칙은 이미 명백한 한계를 드러내고 있었으며, 심각한 자원 낭비를 초래했다. 어떻게 해야 정확히 판단하여 회사의 자원을 체계적으로 배분할 수 있을까?

이 문제를 해결하기 위해 회사의 경영층에게 우선 소속 아티스트들을 분류하도록 했다. 분류가 가능한 모든 차원과 그에 맞는 하위 범주를 열거해보았다. 그리고 이를 속성에 따라 나누고 논리를 업그레이드한 후 마지막에 적절히 선별하고 합쳐 결론을 내렸다. 많은 과정을 거쳤지만 여기서는 토론 결과만 소개하겠다. 핵심적인 차원은 팬층의 연령, 성별, 아티스트의 활동 지역, 재능 유형(예: 노래, 연기 등), 실력 수준, 기존 팬 수, 적응성/크로스오버 능력 등이 있다.

이런 차원 리스트를 작성한 후 두 번째 단계로 관리자들은 각 차원에 대한 구체적이고 측정 가능한 객관적 기준을 세웠다. 팬의 연령, 성별, 지역과 같은 차원은 객관적 기준을 정하기 어렵지 않았지만, 깊은 논의가 필요한 차원도 있었다. 예를 들어, 소속 아티스트의 적응성은 무엇을 의미하는 것일까? 이들은 적응성을 학습 능력, 특기 분야, 기초 재능 등 일련의 특징을 종합한 요소라고 정의했다. 그렇다면 각 요소가 차지하는 비율은 과연 어느 정도일까? 각 요소는 독립적이며 서로 겹치지 않는가? 학습 능력은 나이 및 기초 재능과 연관될 가능성이 있다. 나이가 어리거나 기초가 탄탄한 아티스트일수록 새로운 것을 학습하는 능력이 강할 수 있기 때문이다. 이 상관관계가 증명되면 중복되는 요소는 제거한다.

한 차원에 대해 구체적으로 측정 가능한 평가 기준이 무엇인지 논의하는 것은 그 자체로 큰 가치가 있다. 논의 과정에서 업계 전문가들은 업무 지식을 드러내고 생각을 정리한다. 초보자들에게는 업계 지식을 익힐 수 있는 절호의 기회이기도 하다. 대화와 토론 과정에서 여러 비즈니스 인사이트가 도출될 수 있으므로 업무 이해도 편차를 줄이는 기회도 된다.

차원 리스트와 평가 기준이 갖춰진 다음 세 번째 단계는 각 차원에 점수를 매기고 일정한 가중치를 부여하는 것이다. 최종 핵심 차원을 A, B, C, D 4개 항이라고 가설할 때, 각 항의 최고 점수는 100점이다. 항목별로 가중치를 다르게 설정해서 A항 50%, B항 30%, C항과 D항을 각각 10%로 설정했다. 각 항의 실제 득점에 가중치를 곱하면 기준 평가 프로세스에 따라 모든 소속 아티스트에 대해 비교 가능한 점수를 도출할 수 있다(도표 2-2 참조). 이를 조금 더 전문적으로 표현하면 가치 평가 시스템이다.

이 평가 시스템은 아티스트가 회사의 이익을 올리는 방향으로 행동하도록 유도한다. 아티스트의 핵심성과지표KPI를 마련하여 이를 평가 시스템에 입력하면, 모든 아티스트는 자원을 우선적으로 배정받기 위해 노력할 것이며, 심지어 측정 가능한 핵심성과지표를 뛰어넘는 활약으로 회사 이익을 극대화할 것이다. 회사는 인기 예능 프로그램 출연, SNS 팔로워 수, 실시간 동영상 스트리밍 조회 수, 라이브커머스 금액 등을 성과지표에 포함해 아티스트들이 각자 어울리는 방향으로 발전하도록 격려할 수 있다. 여기에서 더 세분하여 아티스트의 등급별 평가 시스템을 정의하고 정기적으로 아티스트에 대한 평가를 업데이트할 수도 있다.

정리하면 B사는 앞서 말한 3단계 작업을 통해 피라미드 모양의 '아티스트 자원 배치 수치화 시스템'을 마련하게 됐다. 이 시스템은 비록 자원 배분을 위한 유일한 기준은 아니지만 실전에서 관리자가 정책을 결정하는 데 핵심적인 참고 자료로 사용될 수 있다. 이 밖에도 회사는 공개적이고 투명한 자원 배치 평가 기준을 갖추고 모든 아티스트에게 명확한 행동 지침을 제공함으로써 관리를 규범화하고 단순화했다.

핵심 사업 범주(단어)에 대한 심층 분석은 기업전략 논의의 출발점이다. 이러한 방식은 사실 오래전부터 경영관리에 도입됐다. 자

도표 2-2 아티스트 가치 평가 시스템

순위	성명	차원 A (50%)	차원 B (30%)	차원 C (10%)	차원 D (10%)	총점
1	X	95	80	80	90	88.5
2	Y	90	85	95	80	88
3	M	80	80	80	90	81
4	Z	85	70	75	90	80

주 활용되는 IT 디지털 시스템, 가령 고객관계관리 시스템CRM, Client Relationship Management과 제품정보관리 시스템PIM, Product Information Management은 경영관리의 관점에서 업계 최고의 솔루션이다. 이를 기반으로 핵심 단어에 대한 차원들을 디지털화하고, IT 시스템을 이용해 심층적이고 정교한 기록을 남기고 판단과 선별, 정렬, 업데이트, 백업을 하는 등 상응하는 프로세스 관리를 해야 한다.

문제를 분류하는 네 가지 방법

　단어를 분류하는 것은 상대적으로 이해하기 쉽지만, 문제를 분류하는 것은 논리적 사고 훈련을 받은 적이 없다면 바로 이해하기는 어렵다. 문제를 나누는 것은 주관적이고 본능적인 빠른 사고와는 상반되며, '부자연스러운' 사고방식이어서 사고 회로를 의식적으로 가동해야 한다. 대니얼 카너먼이 제시한 '시스템1'과 '시스템2'의 개념으로 설명하자면, 익숙하고 간단한 문제에 임할 때 사람들은 강력한 본능적 충동으로 짧은 시간 내에 답을 찾으려고 한다. 따라서 직감과 감성에 기반한 시스템1은 이성에 기반한 시스템2를 앞서고, 이렇게 빠르게 답을 도출하는 인지 과정은 우리에게 편안함을 선사한다. 대니얼 카너먼은 대다수의 사람들이 자신은 시스템2로

도표 2-3 문제 분류법

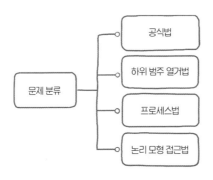

사고한다고 자처하지만 그 말은 허풍이라고 지적한다. 구조화 사고의 분류 훈련은 본능적인 시스템1에서 탈피해 이성적 시스템2를 의식적으로 가동하는 훈련이다.

문제 분류는 단어 분류보다 더 복잡하지만 MECE 원칙에 따라야 한다는 전제는 동일하며, 본질적으로는 차이가 없다. 문제 분류 방법에는 공식법, 하위 범주 열거법, 프로세스법, 논리 모형 접근법 네 가지가 있다. 이 방법을 어떻게 사용하는지 실제 사례를 통해 살펴보자(편의상 사례 기업을 전통적인 기업으로 설정했다). 기업가는 어떻게 하면 더 많은 돈을 벌어들일 수 있을지 날마다 노심초사한다. 경영학 용어로 표현하면 이것은 '기업의 순이익을 제고하는 방법'에 관한 문제다. 만약 제조업의 배경과 기업의 구체적 상황을 잘 모르는 경우, 대부분은 순이익 제고 문제를 맞닥뜨렸을 때 어디서부터 손을 써야 하는지 몰라 수동적인 태도로 임할 것이다. 논리적 사고법에 익숙하지 않은 사람이라면 자신은 전문 지식이 부족하다며 뒤로 물러날지도 모른다. 익숙한 분야가 아니라 잘 모른다는 말은 한 단계 더 나아가 논의하고 사고하는 데 걸림돌이 된다. "이 산업에 대해서는 잘 모른다"라는 말을 하는 순간 토론은 시작도 못한 채 끝나버릴 것이다.

이럴 때는 어떤 상황에도 적용할 수 있는 '단축키'를 통해 대답할 수 있다. 구조화 전략 사고를 훈련받은 비판적 사고자는 모른다는 핑계로 사고를 거부하지 않는다. 그들은 모든 분야에 적용할 수 있는 방법을 찾아 단계적, 심층적으로 문제를 분석하고 논의를 계속하고자 한다. 지금부터 네 가지 문제 분류법을 활용해 하향식 사고로 전략 문제를 다루는 방법을 살펴보고, 구조적이고 의미 있는 심층 토론을 어떻게 전개하는지 알아보자.

⁝ 공식법과 하위 범주 열거법

첫 번째 분류 방법은 '공식법'이다. 순이익 제고 논의는 '수입은 늘리고 지출을 줄이는' 공식에서 출발할 수 있다. 이는 경영학의 고전적인 이윤 계산 공식에서 비롯된 논리다.

- 이윤 = 수입 − 원가

등호 왼쪽의 이윤이 증가하려면 두 가지 방법밖에 없다. 원가가 변하지 않는 상황에서는 수입을 늘리고, 수입이 변하지 않는 상황에서는 원가, 즉 지출을 줄이는 것이다.[3] 공식법은 MECE 원칙을 완전히 충족한다. 수입은 늘리고 지출을 줄이는 공식에서 수입과 지출은 상호 독립되어 겹치지 않는 두 요소다. 두 요소의 뺄셈이 이윤의 정의이므로 MECE 두 번째 원칙인 '합쳐서 전부'를 충족한다. 도표 2-4를 보면 수익을 높이는 문제는 MECE 원칙을 충족하는 두 개의 가지 즉, 판매수입 증가와 원가절감으로 나뉜다.

그러나 1차 전개의 '수입 증가'와 '원가절감'으로 분해하는 것만으로는 부족하다. 여기서 1차 전개란 로직 트리에서 거리가 가장 가까운 1차 분해 결과를 가리킨다. 순수익 제고 문제는 '수입 증가'와 '원가절감'의 두 노드node(분기점)로 세분화할 수 있고, 두 개의 노드를 다시 분해하여 2차 전개를 구성한다. 비판적 사고를 하는 사람들은 기본적으로 최소한 2차 전개까지 문제를 분해하며, 다시 3차까지 분해해서 조금 더 깊이 있는 결론에 도달한다.

1차의 두 분기점에서 2차 분해를 시작해보자. 우선 '판매수입 증가'라는 가지를 살펴보면, 판매수입은 아래 공식으로 계산할 수 있다.

- 판매수입 = 단가 × 판매수량

즉, 수입 증가는 '판매수량 증가'와 '제품단가 상승'으로 한 번 더

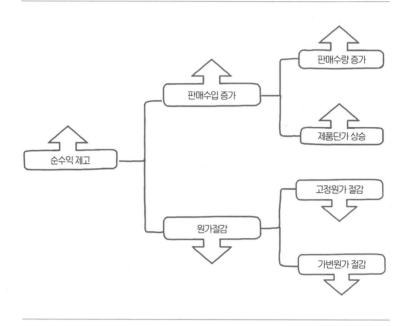

나눌 수 있다. 수입은 늘리고 지출을 줄이는 공식과 같이, 판매수량과 제품단가도 MECE 원칙에 부합한다. 이 두 요소는 상호 독립적이고 겹치지 않으며, 서로 곱하면 '수입'의 정의, 즉 '수입'의 전체가 된다. 곱하기와 더하기는 매우 비슷하다. 한쪽이 고정된 상황에서 다른 한쪽이 증가하면 총량이 증가한다. 이렇게 판매수입 증가의 문제는 MECE 원칙을 충족하는 2차 전개 가지로 두 번째 차원의 분해를 할 수 있다.

두 번째 노드인 '판매수량 증가'를 고전적인 하위 범주 열거법으로 분류해보자. 이 방법은 단어 분류하기에서 설명했듯이 MECE

원칙에 따라 하위 범주를 열거하고 선별하는 것이다. 이때 고전적인 경영 이론들을 기준으로 사용할 수 있다. 예를 들어 판매수량 증가에 기여하는 핵심적인 요소에는 무엇이 있을까? 전통적인 4P 마케팅 이론에 의하면, 판매수량의 상승 요소는 가격Price 외에도 제품Product, 유통 경로Place, 촉진 전략Promotion의 요소가 있다. 4P 마케팅 이론은 MECE 원칙에도 부합한다. 제품, 가격, 유통과 촉진 전략을 더한 것이 판매량 증가를 위한 마케팅의 전체를 이루며, 각 요소는 상호 독립적이며 겹치지 않는다. 따라서 '판매수량 증가' 가지를 제품, 가격, 유통, 촉진 전략으로 더 심층 분해할 수 있다(도표 2-5 참조).

문제를 3차까지 분해하면 이 논리 구조를 가지고 기업주와 소통해 기업 운용 상황에 관한 정보를 세밀하게 수집하기 쉽다. 이때 마케팅 기초 상식을 활용함으로써 여기서 더 나아가 비즈니스 통찰을 이끌어내는 것도 좋다. 예를 들어 4P 마케팅 이론의 논리에 따라 회사 운영에 관한 문제를 체계적으로 알아볼 수 있다. 논리 구조에 기반하여 대화가 진행되므로 경영진이나 관리자들의 신뢰를 얻고 양질의 정보를 구할 수 있다. 다음과 같은 질문이 그 예다.

- 경쟁 제품과 우리 제품의 차별성은 무엇인가? 소비자가 기꺼이 비싼 값을 내고 우리 제품을 구매하게 하는 요소는 무엇인가?
- 유통 채널은 직영점과 대리점 중 어떤 방식인가? 대리점 방식이라면 판매 상황은 어떠한가?

도표 2-5 판매수입 증가를 분해한 가지(공식법+하위 범주 열거법)

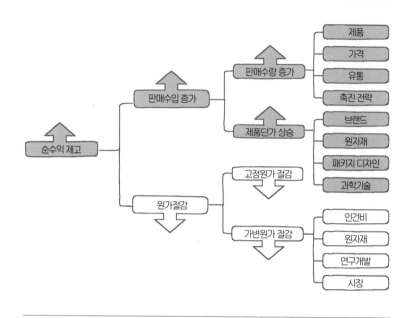

- 홍보 수단에는 어떤 것이 있으며, 경쟁사와 다른 점은 무엇인가?
- 업계에서 기업의 제품, 유통, 홍보 등 요소는 어떤 동향을 보이며 그 효과는 어떠한가?

판매수량 증가라는 가지를 모두 분해했으니 이제 '제품단가 상승'을 하위 범주 열거법으로 분해해보자. 그런데 제품단가 상승은 기업의 일방적인 가격 상승을 의미하지 않는다. 가치에 기반하지 않은 단순 가격 상승은 소비자의 반감과 저항을 불러오기 마련이므로 최종 수입이 증가할 수 없다. 여기서 말하는 제품단가 상승은 고객이 제품에 대해 감지하는 가치의 증가를 의미한다. 다시 말해 소비자가 제품 구매 의향이 있는 가격대가 올라야 한다는 것이다. 고객의 감지가치에 영향을 미치는 요소에는 브랜드 파워, 원자재, 패키지 디자인과 과학기술 등이 있다. 이러한 구조를 바탕으로 경영진과 제품단가에 관해 논의할 수 있다.

- 주류 제품의 <u>브랜드 파워</u>는 어떠한가? 경쟁 상대와는 어떤 차이가 있으며, 이를 강화하는 것이 쉬운가?
- 제품의 <u>원자재</u>는 특색이 있는가? 경쟁 상대와의 상대적 위상은 어떠한가?
- 제품의 <u>패키지 디자인</u>은 경쟁 제품과 차이가 있는가? 소비자들이 더 좋은 패키지 디자인에 기꺼이 지갑을 열 것이라 예상하는가?
- 제품에 적용된 <u>기술력</u>은 높은가? 해당 기술의 추세는 어떠한가?

문제를 단계별로 분해하고 분석하면 세부 업무가 점점 수면으로 떠오르게 된다. 지금까지 순이익 제고를 위한 방안 중 1차 방안인 '수입 늘리기'를 두 가지로 나누어 3차 전개까지 분해해보았다. 이제 1차 전개의 또 다른 방안인 '지출 줄이기'에 대해 논의해볼 것이다. 지출 줄이기란 곧 원가절감을 의미한다. 하위 범주 열거법을 이용해 MECE 원칙에 맞게 원가를 절감할 수 있는 방안들을 열거해보자. 원가는 고정원가와 가변원가로 나눌 수 있으므로 2차 분해는 고정원가 절감, 가변원가 절감으로 구성된다.

고정원가는 이미 지출하여 회수가 불가능한 매몰비용으로, 완공

도표 2-6 원가절감을 분해한 가지(하위 범주 열거법)

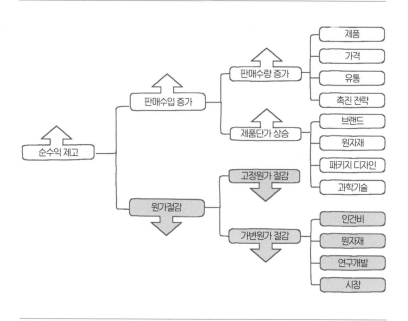

한 공장 건물이나 생산 라인이 여기에 해당한다. 그러므로 보통 원가절감을 이야기할 때는 가변원가 최적화에 초점을 맞춘다. 이 논리에 따라 지출 줄이기 3차 전개는 가변원가의 분해에 초점을 맞춰서 진행할 것이다. 가변원가는 하위 범주 열거법으로 인건비 원가, 원자재 원가, 연구개발 원가, 시장 원가 등(도표 2-6 참조)으로 나눌 수 있다.

· 기업의 주요 생산원가는 인건비, 원자재, 기타 분야 중 어느 부분에 집중되어 있는가?

- 생산을 규모화, 자동화하면 생산원가를 큰 폭으로 절감할 수 있는가?
- 전체 원가에서 인건비가 차지하는 비중을 개선할 여지가 있는가?

'기업의 순이익을 어떻게 제고할 것인가' 하는 문제를 공식법과 하위 범주 열거법을 활용해 3차 전개의 세부 사항으로 나누고, 또 그와 관련된 사항들을 더 깊이 분해하여 보편적인 논리 분해 구조를 도출했다. 이렇게 체계화된 토론 구조의 틀을 마련함으로써 대상 기업에 대한 기초 지식을 습득하고 경영진과 깊이 있는 토론을 하면, 더욱 상세한 정보를 수집할 수 있다.

∶ 프로세스법과 논리 모형 접근법

프로세스법과 논리 모형 접근법도 실전에서 자주 사용되는 분해 방법이다. 프로세스법은 이름 그대로 문제를 특정 프로세스 단계에 따라 분해하는 것이고, 논리 모형 접근법은 논리 서술 시 흔히 사용하는 판단 모형으로 문제를 대략적으로 나누는 방법이다. 가령 내부 vs 외부, 주관 vs 객관, 장점 vs 단점 등 큰 틀로 문제를 나눈다. 이 두 가지 방법을 활용해 기업의 순이익 제고 문제를 분석해보자.

프로세스법은 주로 기업의 발전 단계를 고려하여 분석하는 데 사용된다. 수입은 늘리고 지출을 줄이는 문제를 나누기 전에 우선

기업 수명주기에 따라 현재 기업 발전 상태부터 이해하여 이를 바탕으로 문제를 분해하는 것이다. 순이익 제고 문제를 심층 논의하기에 앞서 다음과 같이 설명할 수 있다. "순이익을 제고하려면 기업의 발전 단계에 따른 변화에 주안점을 둬야 한다. 창업 초기에 기업은 단일 포인트의 마케팅 전략과 유통 확장을 통해 수입을 빠른 속도로 끌어올릴 수 있지만, 성숙기에 들어간 기업의 솔루션은 훨씬 복잡해진다. 성숙기 기업은 장기적인 관점에서 제품의 차별성과 체계적인 원가 제어 방안에 주목해야 한다." 프로세스법을 이용해 MECE 원칙에 입각한 기업 성장 S곡선 4단계를 도출하면 아래와 같다.

- 현재 이 기업은 도입기, 성장기, 성숙기, 쇠퇴기 또는 구조조정기 중 어느 단계에 속하는가?

분석을 통해 명확한 답을 도출(예: 성숙기에 접어든 대기업)한 다음 순이익 제고 문제로 다시 회귀한다. 이때 제품의 발전 단계를 주제로 토론할 수 있으며, 이 또한 넓은 의미의 프로세스다. 제조업을 예로 들면 제품은 크게 연구개발, 생산, 시장과 판매, 애프터서비스 4단계 프로세스를 거치게 된다. 기업 순이익 제고 문제도 이 4단계로 분해하고(도표 2-7 참조), 아래처럼 상세히 논의할 수 있다.

- 매출 대비 연구개발비 투자 비율은? 경쟁 제품과 비교했을 때 투자의 효율

성은 어떠한가?

- 생산은 전체적으로 어떤 상황인가? 최적화(기계화, 자동화, 규모화) 가능성이 있는가?

- 현재 판매 상황은 어떠한가? 판매수입과 원가 통제는 어떻게 하고 있는가?

- 애프터서비스의 투입과 재구매율은 어느 정도인가? 경쟁 제품에 비해 우위가 있는가?

이렇게 해서 프로세스법으로 1차 분류의 기본 축을 구성해보았다. 다른 분류 방법들을 조합하여 3차까지 깊이 세분할 수 있다. 앞서 보았던 수입과 지출 공식법의 기준으로 보면 1차 전개의 네 항목(연구개발, 생산, 시장과 판매, 애프터서비스) 중 시장과 판매는 '수입 늘리기'에 가까우며, 나머지 세 항목은 '지출 줄이기'에 가깝다.

1차 항목 중 연구개발비 투자는 하위 범주 열거법으로 연구개발 인건비, 재료비, 설비 구매/감가상각비, 외주 비용으로 구분했다. 기업의 연구개발비 투자가 높은 편인데 상응하는 산출이 없다면 연구개발의 하위 범주에서 지출 줄이기를 논의할 수 있다. '시장과 판매'의 경우 하위 범주 열거법으로 광고 관리와 판매 유통 관리, 판촉 정책 관리, 판매 인원 관리 등으로 나눌 수 있다. 이렇게 2차까지 분류한 다음에도 핵심 카테고리는 더 세분할 필요가 있다. 광고 관리는 논리 모형 접근법을 활용해 내부와 외부(3차)로 나눈 후, 내부는 다시 플랫폼 내부 자원, 공식 미디어, 소셜 커뮤니티 등으로, 외부는 광고 구매 플랫폼DSP, 검색엔진, 1인 미디어, 미디어 플랫폼

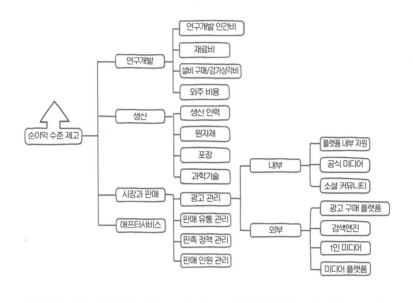

등 다양한 광고 채널로 나눌 수 있다(4차).

지금까지 공식법과 프로세스법으로 같은 문제에 대한 서로 다른 로직 트리를 만들었다. 각각의 로직 트리는 내용은 약간 다르지만 상호 보완적인 정보를 담고 있다. 이처럼 하나의 문제를 다른 차원으로 분해함으로써 잠재적 해결법에 대한 좀 더 심층적이고 전면적인 인식을 이끌어낼 수 있다. 구조화 분류 시 깊이 있는 결과를 도출하려면 '3-3 원칙'에 따라야 한다. 3-3 원칙이란 문제를 분류할 때 최소한 3차 전개까지 디테일하게 파헤치고 한 차례 분류가 끝나면 기존의 논리 모형을 뛰어넘어 새로운 차원으로 다시 두 차례 이상 수평·수직 방향의 분류를 하는 것을 말한다. 정리하면

한 문제에 대해서 총 세 개, 또는 그 이상의 각각 다른 로직 트리를 도출하고, 로직 트리마다 최소한 3차 전개까지 세부 사항이 있어야 한다.

다차원으로 분류해
사고의 폭을 넓히다

상당히 많은 지면을 할애하여 논리적 사고법의 기본기인 차원 분류의 기술과 MECE 원칙에 대해 설명했다. 그런데 지금까지는 단일 차원으로만 문제를 분류했다. 가령 '기업 순이익을 어떻게 제고할 것인가'의 문제를 분석할 때 공식법을 사용해 수입 증가와 원가 절감으로 분류했고 프로세스법을 이용해 연구개발, 생산, 시장과 판매, 애프터서비스로 분류했으며, 하위 범주 열거법으로는 기업의 각 업무 분야를 나눴다. 모든 분류법에서 수직 방향으로 심층 분류하여 3차 전개 또는 더 깊은 디테일까지 파헤쳤다. 단일 차원으로 여러 차례 분류하는 능력은 논리적 사고 입문자의 기본기다. 그러나 실제로 문제를 해결하는 과정에서 비판적 사고자는 두 개 이상의 차원을 동시에 사용해 문제를 분석하는 다차원 분류를 한다. 기본기를 익혔으니 이제 단일 차원에서 다차원으로 도약하여 사고의 깊이와 폭을 넓혀야 한다.

우리는 대부분 단일 차원의 사고 모델에 익숙하다. 주변에서 자주 볼 수 있는 업무 보고서만 해도 꺾은선그래프 아니면 원그래프, 막대그래프가 들어가는 게 고작이고 플로차트가 삽입되면 훌륭하다는 소리를 듣는다. 심지어 도표가 아예 생략된 보고서도 부지기수이며, 기껏해야 엑셀 형식의 데이터를 첨부한 보고서가 대부분이다. 간단한 꺾은선그래프, 원그래프, 막대그래프와 플로차트는 단일 차원 사고의 결과다. 이런 그래프들은 특정 추세와 비율 등을 보여주는 시각적 효과는 있지만, 논리적 사고의 깊이를 나타내는 데는 아무래도 부족하다. 사고의 폭과 깊이를 나타내려면 반드시 다차원 사고로 도약하여 그에 맞는 그래프를 제작할 줄 알아야 한다.

그렇다면 다차원 사고란 무엇이며, 다차원 그래프는 어떤 형태인가? 업무 현장에서 흔히 있는 상황을 예로 들어보자. 새로운 분기를 앞두고 직속 상사가 당신에게 다음 분기의 모든 프로젝트에 대한 보고서를 작성하여 30분 정도 브리핑을 하라고 지시했다. 상사는 프로젝트 유형이 복잡하고 항목이 많으니(20여 개) 핵심 프로젝트 중심으로 보고서를 작성하되, 순위에서 밀리거나 곧 폐기할 프로젝트에 관해서는 적절한 판단을 내리고 간단한 이유를 첨부할 것을 당부했다.

이때 우선 모든 프로젝트를 일정한 구조에 따라 엑셀 형식으로 기록하고 보는 사람들이 많다. 여기에는 프로젝트 이름, 유형, 시작하는 날짜, 투입, 잠재 소득, 중요도에 따른 등급, RACI(실무 담당자 Responsible, 의사결정권자Accountable, 조언자Consulted, 결과 통보 대상자 Informed) 등 내용이 포함된다. 항목마다 글씨가 빼곡히 들어간 비고란도 빠질 수 없다. 프레젠테이션에도 일정한 루틴이 있다. 회의가 시작되면 인사를 나눈 후 프로젝터를 켜고 엑셀의 모든 내용을 한 줄 한 줄 짚어가며 설명을 한다. 애초에 정해놓은 시간 30분은 몇 시간으로 늘어나고, 한 번으로 예정됐던 회의가 몇 회차로 연장되기 일쑤다. 프로젝트의 세부 사항에서 벗어나지 못하고 모든 프로젝트를 살펴보다 보면 어느 하나에도 제대로 집중하기 어렵다. 프로젝트 우선순위에 대한 판단이 미비하기 때문에 회의는 제대로 된 절차도 없이 혼란에 빠지고 결국 너도나도 한마디씩 거들다가 목소리 큰 사람들의 대결이 되어버린다.

구조화 전략 사고를 하면 프로젝트의 우선순위에 대해 일치된 판단을 내림으로써 이런 비효율적이고 무질서한 상황에서 벗어날 수 있다. 이어서 소개할 맥킨지식 5단계 사고법도 '어떻게 할 것인가'에 해당하는 프로젝트 세부 사항을 논의하기 전에 '왜 그렇게 하는가'부터 생각하게 만든다. 모든 프로젝트의 중요도가 같지 않기 때문에 우리는 먼저 프로젝트의 우선순위를 판단해야 한다. 여러 프로젝트 중 어떤 것은 가장 중요한 핵심 아이템일 수 있고, 어떤 것은 미래를 위한 투자이지만 당장은 적자만 내는 아이템일 수도 있고, 과거에 진행하던 프로젝트로 진작에 폐기했어야 하는 아이템도 있다. 또 이러지도 저러지도 못하는 계륵 같은 아이템도 있기 때문에 신중히 살펴봐야 한다.

우선순위를 판단할 때는 다차원 분류를 하는 것이 좋다. 이 과정은 일종의 단어 나누기 연습과도 같다. 프로젝트를 나누는 차원은 규모(수입과 투입), 직무 유형, 전략적 중요성, 수행 난이도, 주기, 담당 부서, 빈도 수, 외부 참여 유무 등으로 상당히 많다. 이 가운데 우선순위와 가장 연관이 큰 차원과 속성을 찾아, 그 조합으로 우선순위를 정의한다.

우선순위 분석을 위한 이차원 그래프 작성 방법을 살펴보자. 도표 2-8과 같이 프로젝트 우선순위 핵심 그래프는 두 좌표축으로 구성된다(거의 모든 핵심 그래프가 두 개의 좌표부터 시작한다). X축은 전략적 중요성으로 오른쪽으로 갈수록 전략성이 강하다는 의미이고, Y축은 수행 난이도로 위로 갈수록 난이도가 높다는 의미다. 두 축의 중심에 분할선을 그리면 네 개의 작은 구역이 나타나는데 이를 사분면이라고 한다. 각 사분면은 두 핵심 차원의 서로 다른 값의 조합으로, 프로젝트 특징을 귀납하는 데 사용된다. 쉽게 기억하고 논의하기 위해 차원의 특성별로 사분면에 친근한 이름을 붙일 수 있다. 전략성이 높고 수행 난이도가 낮아서 기업이 반드시 추진해야 하는 프로젝트에 '메인 배틀' 같은 이름을 붙이는 식이다. 우선순위 분석 그래프 사분면의 특징을 하나씩 알아보자.

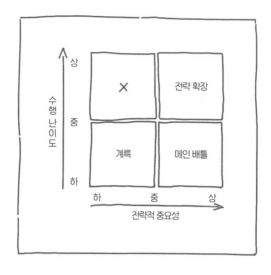

메인 배틀: 전략적 중요성이 크고 수행 난이도가 낮다. 이 프로젝트는 기업의 기존 핵심 전략과 일치하며, 기업이 오랫동안 축적해 온 연구개발, 생산, 판매 등의 각종 경쟁 우위를 직접 활용할 수 있는 핵심 아이템인 경우가 많다. 수행 난이도가 낮다는 것은 해당 기업의 다른 프로젝트에 비해 상대적으로 낮다는 말이며, 경쟁 기업에서는 다른 판단을 내릴 가능성이 크다. 프로젝트가 사분면에서 순위가 높으면 해당 프로젝트가 기업의 근간이므로 자원을 확보하여 이를 성공적으로 완수해야 한다.

전략 확장: 전략적 중요성이 크고 수행 난이도가 높다. 이런 프로젝트들은 대체로 회사의 장기적 발전 방향과 관계가 있으며, 미래

를 대비하기 위한 전략적 차원의 사업이다. 기업 자체의 핵심 능력과는 편차가 있어서 수행 난이도가 높다. 예를 들어 그동안 소비자 대상B2C 서비스에 주력해온 기업이 클라우드 서비스 등 기업 대상 B2B 서비스로 전환할 경우 내부적으로 많은 조정이 필요하다. 만약 해당 프로젝트가 사분면에서 순위가 낮으면 경영층은 초창기의 손해를 무릅쓰더라도 사업을 적극적으로 추진할지 여부를 판단해야 한다.

계륵: 전략적 중요성이 낮고 수행 난이도도 낮다. 이 프로젝트들은 기업전략상으로는 크게 가치가 없는 사업이지만, 수행 난이도가 낮기 때문에 수익 잠재성이 있다면 중점적으로 논의할 가치가 있다. 예를 들어 가전제품을 제조하는 대기업이 부동산 개발에 진출하는 것이다. 계륵은 말 그대로 삼키자니 맛이 없고 버리자니 아까운 프로젝트이므로 논의하면서 이해득실을 따져봐야 한다. 성숙기에 있는 대기업이 일회성 비주력 업무에 많은 자원을 투입하면 업무 능력이 분산되어 주력 업무에도 영향을 미칠 수 있기에 주의가 필요하다.

버려야 할 프로젝트(X): 전략적 중요성이 낮고 수행 난이도는 크다. 막상 일을 하다 보면 힘만 들고 좋은 평가를 받지 못하는 프로젝트도 많은데, 각양각색의 이유로 이를 포기하지 않고 추진하는 경우가 있다. 전망이 어둡지만 그동안 투입한 비용과 노력이 아까워서 붙잡고 있는 아이템이 있는가 하면, 기업전략 방침이 바뀌는 바람에 활용성이 떨어진 아이템도 있고, 수요 변동으로 가치가 이미 사라진 아이템도 있다. 사분면에서 하위에 속할 경우 아직 가동하지 않은 프로젝트라면 애초에 시작부터 하지 말아야 하며, 이미 시작했다면 손해를 줄일 방법을 연구해야 한다.

분석을 마치고 나니 다차원 그래프 분석의 장점이 분명하게 보인다. 두 차원이 겹치는 교집합은 단일 차원 사고를 훌쩍 뛰어넘는 깊이와 전문성을 보여준다. 단순해보이는 그래프이지만 전략의 중요성과 수행 난이도라는 두 차원을 이용해 모든 프로젝트를 네 개의 기초 유형으로 나누고, 유형별로 상대적으로 이해하기 쉽고 실행 가능한 전략을 도출했다. 어떤 프로젝트가 특정 사분면에 있음을 확인하면 용어를 통일하고 대응 전략의 방향과 원칙을 일목요연하게 정리해 소통 비용을 크게 절약할 수 있다.

다차원 그래프를 여기서 업그레이드하여 더 정밀하게 만들 수도 있다. 도표 2-8의 이차원 그래프에는 포함되지 않았지만, 프로젝트에 관한 또 다른 핵심 의사결정 요소에는 '잠재적 순이익의 크기'가 있다. 잠재적 순이익의 크기는 프로젝트 우선순위 평가에 직접적인 영향을 미친다. 예를 들어 현금흐름의 압박이 큰 중소기업 입장에서 프로젝트의 예측 가능한 순이익이 크다는 판단이 나왔을 때는 전략의 방향과는 상반되는 '계륵' 아이템이라고 하더라도 시행을 고려하게 된다.

도형을 사용해 잠재 순이익 요소를 그래프에 추가해보자. 도표 2-9를 보면 프로젝트 우선순위 그래프에 다양한 크기의 원을 추가

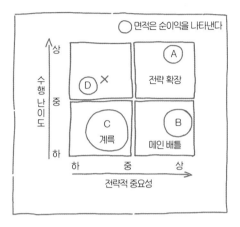

하여 잠재 순이익을 표시했다. 원의 중심은 전략적 중요성과 수행 난이도 수치를 나타낸다. 이러한 방법으로 A~D 프로젝트에 대한 정보를 잘 보이도록 시각화했다.

3차원 전략 그래프를 기반으로 프로젝트 우선순위에 대한 좀 더 깊이 있는 토론을 할 수 있다. 전략 확장 프로젝트 A와 메인 배틀 프로젝트 B는 기본적으로 논쟁의 여지가 없다. 프로젝트 D는 아직 시작 전이라면 과감히 폐기해야 한다. 전략적 중요성이 낮고 수행 난이도가 크며 순이익도 적기 때문에 시간과 자원을 낭비할 이유가 없다. 토론의 초점은 자연스럽게 프로젝트 C로 향한다. 이 프로젝트는 비록 전략 방향과는 일치하지 않으나 잠재 순이익이 크기에 팀은 프로젝트의 세부 사항을 정리하고 기업의 실제 상황과 단계에 따라 심도 있는 논의를 한 다음 의사결정을 해야 한다.

목소리만 높이고 혼란에 빠졌던 기존 회의와 다르게, 분명한 구조와 통일된 용어, 정확한 수치 등을 기반으로 회의가 진행되므로 확실히 효율이 높아질 것이다. 다차원 그래프 분석은 구조화 사고 프레임을 시각적으로 구현한 것으로, 그 활용 범위는 지극히 광범위하다. 일상생활에서 우리가 선택하고 해결해야 하는 문제들까지도 이러한 프레임으로 분석하여 다양한 시각을 도출할 수 있다.

참고로 차원을 분석할 때 데이터과학을 이용하는 방법도 있다. 알고리즘으로 관련 차원을 찾을 수 있는 IT 툴이 많이 있으니, 경비가 충분하다면 각종 정보를 최대한 많이 수집하여 후반 심층 분석과 발굴에 사용하는 것이 좋다. 다차원 데이터 수집을 완료한 후 R[4], SPSS[5], SAS[6], 유기적으로 학습하는 Weka[7]와 같은 고급 데이터 마이닝 도구로 관련 차원을 찾을 수 있다. 데이터 분석과 데이터 마이닝에 관심있는 독자라면 통계학과 데이터 분석 입문서를 참고해보자.[8]

3장

논리적 사고
4대 원칙

1 2 3 4 5

LOGICAL THINKING 5 STEP

구조화 전략 사고의 초석

논리적 사고를 위한 4대 원칙은 비판적 사고자의 일상적인 사고
와 의사소통, 행동에 관한 방향성이며 구조화 전략적 사고의 초석

도표 3-1 논리적 사고 4대 원칙

```
                    논리적 사고 4대 원칙
                     Problem Solving
        ┌──────────┬──────────┼──────────┬──────────┐
   ①              ②            ③            ④
숫자가 나타내는    표상보다 통찰을    MECE 원칙     가설을 전제로 한다
사실에 근거한다    우선시한다
                              MECE principle   Hypothesis driven
Fact based       Insight driven
```

▨ 행위 규칙   ☐ 방법론

이다. 이 원칙은 다음 편에서 다룰 맥킨지 5단계 기법의 전 과정에도 적용되며, 전략 프로젝트 외에도 활용할 수 있는 범위가 매우 넓다. 논리적 사고 4대 원칙은 구조화 전략적 사고를 일상생활과 업무에 더 쉽게 녹일 수 있게 만들어준다.

4대 원칙이란 숫자가 나타내는 사실에 근거하고, 표상보다 통찰을 우선시하며, MECE 원칙, 가설을 전제로 한 사고방식을 의미한다. 그중 첫째와 둘째 원칙은 수치 분석 및 과학적 기법에 근거하는 행위 규칙이며, 셋째와 넷째 원칙은 사고의 방향을 지도하는 방법론에 가깝다.

원칙 1:
숫자가 나타내는 사실에 근거한다

의미 있다고 해서 모두 셀 수 있는 것은 아니고, 셀 수 있다고 해서
모두 의미 있는 것도 아니다.

― 아인슈타인

　구조화 전략적 사고는 숫자에 근거한 논리로 엄밀히 추론하는
사고방식이다. 모든 현상이 수치로 수집되고 데이터의 형태로 구현
되는 현대사회에서 숫자는 상당히 중요하다. 그러나 데이터 자체는
어떠한 의미도 나타낼 수 없으며, 논리와 접목해야만 그 속에서 의
미 있는 사실을 구별해내고 표현할 수 있다. 숫자가 나타내는 사실
에 근거해야 한다는 원칙은 구조화 전략적 사고 실천의 핵심 원칙

으로, 수치와 관련된 여러 논리들을 아우른다.

⣿ 데이터화와 데이터 분석

숫자는 디지털화Digitalization와 데이터화Datafication라는 두 개의 프로세스를 거친다. 데이터화는 케임브리지대학교 교수 빅토어 마이어 쇤베르거가 제시한 개념으로 단순한 디지털화와는 다르다. 디지털화는 데이터화의 전제가 될 때가 많다. 가령 책 한 권을 스캔하여 컴퓨터에 이미지 파일로 저장하여 읽는 것은 디지털화이지만, 이를 도서의 데이터화라고 할 수는 없다. 데이터화는 여기서 더 고급 디지털 형식으로 전환하여 검색, 통계, 분석할 수 있는 형식으로 구현하는 것이다. 2004년 구글은 세상의 수많은 책을 검색과 분석이 가능한 데이터 형식으로 전환하겠다는 야심 찬 계획을 밝혔다. 구글은 도서의 디지털화를 기반으로 OCR(광학 문자 인식) 등의 기술을 이용해 각 단어를 식별함으로써 데이터 분석과 마이닝을 용이하게 했다. 이것을 도서의 데이터화라고 한다.

이렇게 데이터화한 결과물에 '데이터 분석'을 더하면서 지식이 비약적으로 발전하기 시작했다. 검색과 분석이 가능하도록 데이터화한 구글의 서적 콘텐츠를 전문적으로 연구하는 새로운 학문 '컬처로믹스Culturomics'가 탄생하기도 했다. 연구자들은 데이터를 분석하는 과정에서 도서 데이터를 통해서만 알 수 있는 몇몇 규칙을 발견했다. 예를 들어 하버드대학교 연구원은 영문 서적에 쓰인 단어 중 사전에 수록된 단어가 50%도 채 되지 않는다는 사실을 발견했고, 이러한 '어휘의 암흑물질Lexical Dark Matter'은 문화학자들의 주목을 끌었다.[9]

데이터 분석은 세상에 관한 이해를 도울 뿐 아니라, 모든 데이터에 상업적 가치를 부여하는 추세를 이끌어냈다. 유럽상공회의소는 2020년까지 유럽의 개인정보 데이터 가치가 EU 전체 GDP의 약 8%인 1조 유로에 달할 것으로 예측했다. 새로운 형태의 데이터화 기업이 등장해 글로벌 시장에서 큰 수익을 올리기도 했다. 2006년만 해도 세계 10위권에 든 기업은 엑슨모빌 등의 석유 에너지 기업이었으나 2019년에는 아마존, 마이크로소프트 같은 데이터 기반의 IT 기업으로 채워졌다.

반면 데이터의 가치가 높아진 만큼 리스크도 따른다. 미국 개인 신용평가 기업 에퀴팩스Equifax는 약 8억 건의 소비자 평가 정보와 1억 건의 기업 평가 정보를 보유하고 있었는데, 2017년 해킹을 당해 1.5억 건의 고객 정보가 유출됐다. 그 결과 손해배상액이 최대 700억 달러에 달하는 집단소송에 휘말리게 됐다.

이처럼 데이터화가 점점 우리 생활과 밀접해지고 있는 오늘날 우리는 기초 통계와 데이터 분석 같은 데이터 관련 능력을 갖춰야 한다. 또한 데이터의 특징, 활용법과 그 한계점에 대한 깊이 있는 연구도 필요하다. 이제 숫자의 특성과 우리가 빠지기 쉬운 숫자의 함정이 무엇인지 자세히 알아보자.

: 숫자는 속임수다

이 말을 더 정확히 표현하면 '검증을 거치지 않은 숫자는 모두 속임수라고 가설해야 한다'이다. 물론 숫자 자체는 객관적이다. 그러나 숫자의 생성, 선별, 해석에는 사람이 개입하기 때문에 그 과정에서 왜곡될 가능성이 있다. 그러므로 우리는 무엇이 진실인지 식별하는 능력을 갖추고 독자적인 판단을 내려야 한다.

형형색색의 광고에는 각종 숫자가 넘쳐난다. 객관적인 것처럼 보이는 숫자의 배후에는 소비자의 구매를 유도하려는 의도가 숨어 있다. 교묘하게 숫자로 속이는 속임수도 여러 수준이 있다. 대놓고 가짜 숫자를 동원하는 것이 가장 하급이다. 상장 기업이 재무 데이터를 버젓이 위조하는 행위가 여기 해당한다. 위조는 법적 책임이 따르는 불법 행위로, 기업 고위 경영진이 데이터를 위조하여 처벌을 받는 사례는 언론에도 자주 보도된다.

숫자 위조 외에도 더 교묘하게 합법의 탈을 쓰고 숫자로 사람들을 오도하는 수법이 있다. 단편적인 숫자를 부각하고 그게 전체인 양 둘러대는 수법이 대표적이다. 예를 들어 가게 입구에 사람들을 유인하기 위해 '50% 할인' 문구를 크게 붙여놓고는 그 옆에 아주 작은 글씨로 '일부 제품'이라고 써놓은 경우, 고객은 가게에 들어가서야 반값 할인하는 상품은 몇 개에 불과하며 다른 상품은 할인이 되지 않는다는 사실을 알게 된다.

숫자를 선택적으로 제공하는 수법도 있다. 자신에게 유리한 데

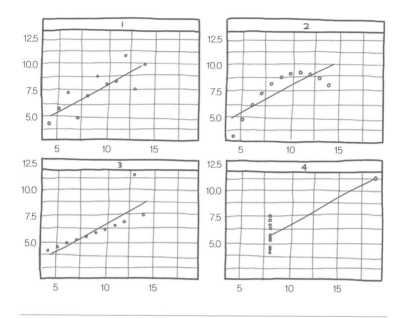

이터만 선택하여 보여줌으로써 사람들이 객관적 사실과는 완전히 상반된 결론을 내리도록 유도하는 것이다. 가령 변동 곡선 그래프에서 고의로 유리한 데이터 포인트만 선택해 왜곡된 상승 추세 그래프를 만드는 식이다(도표 3-2 참조). 또 다른 수법에는 개념 바꿔치기가 있다. 어떤 교육 업체가 '전국 사용자 4억 명 이상'이라는 문구를 앞세워 광고한다고 하자. 그런데 여기서 사용자라는 개념은 등록된 사용자, 그냥 들어보는 사용자, 유료 사용자, 현재 활동하는 유료 사용자 등을 모두 포함한다. 이 수치는 그동안의 누적 사용자 수를 광범위하게 가리킬 가능성이 크다. 그러므로 대다수 청중들이 '사용자'라고 했을 때 떠올리는 유료 사용자 수보다 훨씬 더 많은 것이다.

어떤 수치를 접할 때 우리는 먼저 그 숫자가 정확하지 않을 수도 있다는 가설하에 접근해야 한다. 문제의 소지가 있는 부분을 분명히 해두고 자발적으로 검증하는 것이 비판적 사고자의 책임이다. 조사와 검증을 통과한 숫자만 믿을 수 있다. 사업계획서에 적힌 숫자로 예를 들어보겠다. 나는 투자자로서 다양한 투자 설명회에 참가하여 각양각색의 사업계획서를 접할 기회가 많았다. 그중 한 기업이 제공한 자료에는 이렇게 쓰여 있었다.

"당사는 판매수입이 3년 연속 20% 이상 증가했으며, 건강하고 안정적으로 성장하는 하이테크 기업입니다."

앞부분은 사실에 근거한 말이고 뒷부분은 결론이다. 일단 이 자료의 숫자가 팩트라고 가정해보자. 설사 그렇더라도 이 추리에는 최소한 10여 개의 잠재된 함정이 도사리고 있다. 수치가 사실이라고 해도 '건강하고 안정적으로 성장하는 기업'이라는 결론을 도출하기에는 무리이기 때문이다.

(1) **수입 vs 이윤**: 수입이 20% 성장했을 때 실제 이윤은 어떠한가? 이 기업은 자료에서 이윤에 대한 데이터는 직접 제시하지 않았는데, 이는 실제 수치가 좋지 않기 때문일 가능성이 크다.

(2) **고속 발전 시대의 성장**: 수입이 20% 증가했다는 것은 일견 대단해 보인다. 그러나 전체 경제가 급속도로 성장한 시대에 타 업계

와 비교한다면 수입 증가 20%는 업계 평균 수준에도 미치지 못한 수치일 수도 있다.

(3) **기준 수**: 창업 초기의 기업은 대체로 초기 수입이 낮기 때문에 성장을 퍼센티지로 나타내면 매우 커 보일 수 있다. 따라서 수입의 절대 수치를 봐야한다.

(4) **주영업 수입 vs 주영업 외 수입**: IT 기업인데 수입 성장에서 부동산 수입이 차지하는 비율이 주영업 수입을 훌쩍 뛰어넘는다면, 이 기업의 평가 가치는 다시 계산해봐야 한다.

(5) **현금흐름**: 수입 성장이 빠르지만 미수금이 장기 적체되어 있거나 단일 고객에만 의존한다면 현금흐름 압박이 클 것이며, 이로 인해 도산할 우려까지 있다.

(6) **부채 상황**: 기업의 부채가 급증한다면 수입이 늘어나도 빚이 자산 총액을 초과해버리는 위험이 있다.

(7) **수입의 세분**: 신제품과 기존 제품의 세대교체를 통해 미래에 도약할 가능성이 있는지를 살펴본다.

(8) **시장 판촉 활동**: 가격 인하를 통한 판촉 활동으로도 수입이 증가할 수는 있지만 장기적으로는 이득이 아니다. 따라서 기업의 대규모 시장 판촉 활동 유무를 자세히 검증해야 한다.

(9) **대체품 출현 가능성**: 주력 제품이 속한 업계에서 기술이나 제품 업그레이드가 잘 발생하는지, 다른 제품으로 대체될 가능성이 강한지를 살펴본다. 기업의 수입이 3년 연속 성장했으므로 4년 차에는 대체품이 출현해 적자로 돌아설 가능성도 있다.

(10) 정부 정책: 정부에서 해당 산업을 정비하고 규제할 새로운 정책을 발표하는지 살펴본다.

(11) 잠재 진입자: 거대 기업들이 동일한 분야에 진출해 치열한 경쟁을 유발할 수도 있다.

여기까지 분석하고 보니 매력적으로 다가왔던 홍보 문구에 감춰진 많은 허점이 한눈에 보인다. 20% 증가라는 숫자에는 심층 연구와 검증이 필요한 불확실성 요소가 많고, '건강하고 안정적인 성장'이라는 결론을 내기는 어렵다.

의사결정에 사용되는 핵심 숫자를 대할 때, 제한된 시간 안에 상식에 입각하여 빠르고 간단하게 진위를 검증하는 '상식 추리 능력'이 필요하다. 영어로는 이런 검증 과정을 '편지봉투 뒷면의 계산 Back-of-the-envelop-calculation'이라고 한다. 봉투 뒷면에 급하게 적어 계산한 것처럼 대략적으로 예측한다는 의미다. 맥킨지의 면접은 세계에서 가장 어려운 면접으로 통한다. 면접에서는 주로 상식 추리 능력을 중점으로 평가하는데, 넌센스 퀴즈와 유사한 질문도 자주 등장한다. 보잉737 비행기 안에 골프공을 몇 개나 실을 수 있을까? 보잉737 비행기의 무게는 어떻게 계산하나? 애플 스마트폰 신모델의 이번 달 매출을 어떻게 예측하나? 이런 질문을 받은 응시자들은 종이에 빈틈없는 논리를 들어가며 합리적인 숫자 범위를 추산해낸다. 이런 질문을 하는 것은 그들의 계산 능력을 보려는 의도가 아니다. 사실 문제 자체에는 정확한 답이 없다. 면접관이 주의 깊게

보는 부분은 응시자의 추리 논리가 명료한가, 문제 해법을 위해 틀을 깨는 사고 능력을 갖췄는가 하는 점이다. 우리의 일상에서도 마찬가지다. 비판적 사고자는 수시로 경계심을 늦추지 않고 모든 숫자를 의심하는 습관을 길러야 하며, 상식적 추리를 통해 숫자의 진위를 판단하는 능력을 갖춰야 한다.

⦂ 소수의 사례를 간과하지 말라

숫자에 근거해 사실을 분석하려면 데이터의 구조적 규칙을 인지하는 것은 물론, 자주 발생하지 않는 특별한 사례에도 관심을 기울여 철저히 따져보아야 한다. 위대한 발명과 중대한 발견은 모두 극소수의 집요한 의문에서 시작됐다. 가령 미국 화이자 제약이 생산한 비아그라는 전 세계 약 4천만 명에게 처방되어 매년 수십억 달러의 매출을 올리고 있다. 그런데 비아그라는 처음에 심혈관 약물의 일종으로 개발됐다가 우연히 남성 성기능 장애를 치료하는 약효가 발견되어 오늘날에 이르게 됐다. 그 외에도 엑스레이, 전자레인지의 발명도 데이터에 민감한 사람들의 손에서 비롯됐다. 그들은 소수의 특수한 사례를 당연하게 받아들이지 않고 집요하게 연구한 끝에 위대한 공헌을 해낸 것이다.

특수한 사례에 주목해야 하는 이유를 예시로 설명하겠다. Y사는 사내연수가 끝난 후 수강자들에게 강사 평가를 요청했다. 1~5까지 점수를 다섯 등급으로 나누었고, 5점이 '가장 만족함'에 해당하는 만점이었다. 연수에 참가한 20명 중 19명이 5점을 줬는데, 한 명은 1점(화가 남)이라는 극단적인 낮은 점수를 줬다. 이런 통계에서 우리는 일반적으로 최고 점수와 최저 점수는 배제하고 중간 점수만 집계하여 보고한다. 그러나 만점을 준 19명에 비해 최저점을 준 1명이 때로는 더 많은 정보와 시사점을 제공할 수 있다.

먼저 문제의 원인을 MECE하게 분석해보자. 최저점 1점은 의도적으로 매긴 주관적 점수일 수도 있고 단순한 오조작일 수도 있다(논리 모형 접근법을 이용한 분류). 만약 오조작이라면 그 수강자는 1점이 만점이라고 잘못 생각하여 실수로 그 점수를 줬을 가능성이 있다. 이 경우 설문 프로세스와 설계를 개선해야 한다. 개선 방법은 여러 가지가 있는데 1~5까지의 숫자 범위를 웃는 얼굴과 찡그린 얼굴 아이콘으로 대체함으로써 이해의 편차를 줄일 수 있다. 그런데 수강자가 주관적인 판단으로 점수를 준 것이라면 진짜 강의에 대해 분노한 것이므로 간단한 면담을 통해 그 원인을 알아볼 수 있다. Y사는 해당 수강자와 후속 면담을 하면서 뜻밖의 사실을 발견했다. 이 수강자는 그중 유일한 타지방 출신이었는데, 강사가 수업 중 이 지방에 관한 농담을 상당히 많이 한 것으로 드러났다. 다른 사람들은 별로 민감하게 생각하지 않았으나 당사자는 큰 모욕을 느낀 것이다. 소수의 특별한 사례를 간과했다면 이런 심각한 문제를 발견하지 못했을 것이다.

: 블랙스완을 맞닥뜨리다

사실에 기반한다는 원칙은 '과거의 데이터로 미래를 어느 정도 예측할 수 있다'는 것을 전제로 한다. 물론 구조화 전략적 사고에서 데이터는 큰 역할을 하지만, 비판적 사고자라면 데이터가 제대로 기능할 수 없는 특수한 상황에도 주목해야 한다. 다시 말해 과거의 데이터로 미래를 예측할 수 없고 축적해놓은 수치가 효력을 잃어버리는 상황이다.

'블랙스완Black Swan'은 도저히 일어나지 않을 것 같은 일이 일어나는 현상, 즉 예측할 수 없는 미지의 사건을 의미한다. 17세기 유럽에서는 백조는 무조건 흰색이라고 여겼다. 따라서 사람들은 백조를 정의할 때 '깃털이 흰색'이라는 판단 조건을 사용했다. 그러나 호주에서 검은 백조가 발견되면서 백조의 정의는 완전히 바뀌었다. 검은 백조에 대한 정확한 분류와 판단이 필요했기 때문이다.

검은 백조의 발견은 예상치 못한 사건이었다. 처음에 깃털이 흰색인 새를 백조라고 알고 있었을 때는 전혀 이 사건의 발생을 예측하지 못했다. 따라서 숫자가 나타내는 사실에 기반한다는 원칙을 활용할 때는 보이는 것이 전부이거나 절대적이라고 판단해서는 안 된다. 드물기는 하지만 세상에는 알 수 없는 미지의 현상이 존재한다. 블랙스완을 만났을 때 이전의 데이터는 실효가 떨어진다.

원칙 2:
표상보다 통찰을 우선시한다

: 표상과 통찰이란?

'표상'은 날마다 볼 수 있는 복잡하고 무질서해 보이는 각종 사건
과 정보들이며, '통찰'은 모든 표상의 맥락을 연결할 수 있는 근본
적 원인이다. 두 번째 원칙은 통찰의 가치를 표상보다 높게 평가하
는 것이다. 조직에서 관리자의 직무는 복잡하게 얽힌 표상에서 통
찰을 찾아내고 다듬는 것이다. 의사소통을 할 때에도 통찰한 바를
먼저 밝히고, 표상은 나중에 설명해야 한다.

우리 주변에서 흔히 볼 수 있는 예를 들어보겠다. 요즘 소영 씨
는 상태가 엉망이다. 잠을 제대로 못 자고 얼굴에는 뾰루지가 계속

생긴다. 열쇠를 두고 다니는가 하면 실수로 남자 화장실에 들어가기도 했다. 이렇게 복잡해 보이는 일련의 현상들은 모두 소영 씨의 상태를 묘사한 표상이다. 그렇다면 통찰은 무엇일까? 소영 씨의 상태가 엉망이 된 진정한 원인이다. 여기서 통찰해낼 수 있는 요인은 '소영 씨의 업무 스트레스가 너무 크다'이며, 이 요인으로 앞에서 언급한 모든 표상을 설명할 수 있다.

사실 각 표상을 따로따로 살펴보면 그 원인은 천차만별일 것이다. 수면 부족은 잠자리에 들기 전에 마신 커피가 원인일 수 있으며, 뾰루지는 몸에 열이 올라온 결과일 수 있다. 열쇠를 잊고 다니는 것은 덜렁거리는 성격 탓일지도 모른다. 그러나 이 모든 개별적인 표상을 초래한 더 근본적인 원인은 업무 스트레스다. 이처럼 여러 표상들의 근본적 원인을 찾아내는 것이 바로 통찰이다. 모든 표상의 발생 원인을 찾아내서 완벽하게 설명하면 해법을 찾기도 쉽다. 하지만 문제를 하나씩 별도로 해결하는 것은 자원 낭비일 뿐 아니라 임시방편에 지나지 않는다. 근본적인 원인을 찾아내는 통찰은 행위 지향적인 특징이 있다. 일단 근본 원인을 찾아내면 솔루션은 눈앞에 있는 셈이다. 업무 스트레스가 큰 것이 원인으로 밝혀졌다면 휴가를 가는 행동을 취해서 스트레스를 해소할 수 있다.

: 통찰을 이끌어내는 5단계

수많은 데이터에서 중요한 것을 추려내는 통찰력은 사실에 기반한 의사결정의 핵심이다. 초심자는 다음 5단계를 통해 통찰을 이끌어내는 연습을 해볼 수 있다.

(1) 숫자 속 규칙과 패턴을 찾는다.

(2) 극단적인 숫자가 의미하는 바를 찾는다.

(3) 참조 데이터를 비교하여 차이를 분석한다.

(4) 기타 관련 정보를 찾는다.

(5) 통찰한 것을 추론하여 다듬는다.

한 기업의 재무제표를 보며 어떻게 통찰을 이끌어내는지 단계별로 알아보자. A사는 20년 역사를 가진 소형 음료 기업이다. 이 회사에서 생산하는 탄산음료, 특히 T1 브랜드는 대도시에서 꽤 지명도가 높고 매출 상황이 안정적으로 상승하고 있다. 2018년에는 신제품 생과채 주스 S1과 S2를 출시하여 중고가 시장을 공략했다. 그러나 신제품은 시장에서 예상을 밑도는 저조한 실적을 보였고, 3개월 전에 부임한 새로운 CEO는 업무 조정에 착수했다.

숫자가 가득 나열된 자료를 받아본 CEO는 당황하지 않고 숫자 속 패턴 찾기를 시도했다. 도표 3-3 A사의 재무제표를 보면 제품 유형에는 탄산음료와 생과채 주스가 있다. 각 제품별로 단일 브랜

도표 3-3 A 회사의 1분기 간이 재무제표

		제품 유형	탄산음료				생과채 주스	
		SKU 제품 통일 번호	T1-0001S	T1-0001L	T2-0001S	S1-0001S	S2-0002S	S2-0003K
세부 사항		포장 단위(ml)	300(소)	1200(대)	300(소)	300(소)	300(소)	600(중)
		시장 세분화	저가 시장	저가 시장	중가 시장	중가 시장	고가 시장	고가 시장
		공장 출고가(위안)	1.60	2.93	2.49	2.79	3.93	6.03
		매출액(천 위안)	801.50	351.96	99.60	195.51	98.33	144.79
		전체 매출 대비 비율(%)	47.38	20.81	5.89	11.56	5.81	8.56
		순이익(천 위안)	200.38	70.39	14.94	-9.78	-29.50	-30.41
		순이익률(%)	25	20	15	-5	-30	-21
재무 정보		전체 순이익 대비 비율(%)	92.75	32.58	6.92	-4.53	-13.65	-14.08
		생산량(천 병)	300	110	100	200	0	0
		공장 매출량(천 병)	500	120	40	70	25	24
생산과 재고		공장 재고(천 병)	0	9	90	140	0.1	6
		유통업체 재고(천 병)	0	6	20	17	6	9
		소매상 재고(천 병)	15	10	90	12	4	5

드만 있으며, 크기에 따라 대, 중, 소 세 종류로 나뉜다. 시장을 세분화하여 살펴보면 탄산음료는 중저가가 대부분이고, 2018년에 신규 출시한 생과채 주스는 주로 중고가 제품임을 알 수 있다. 그러나 신제품은 재무와 운영 측면에서 모두 적자 상태이고, 오히려 기존 탄산음료인 스타 상품 T1-0001S가 주력 제품으로서 기업의 이윤 대부분을 창출하고 있다. 신제품 생과채 주스는 적자를 면치 못하여 전체 이윤 하락을 초래하는 핵심 요인이며, 전체 재고의 절반을 차지하는 등 재고 압박도 크다.

숫자를 통해 두 제품의 차이를 발견한 다음에는 정보에 극단적 데이터 포인트가 있는지 점검해야 한다. 극단적인 데이터 포인트는 최대치, 최소치와 숫자 0을 포함한다. 공장 출고가를 보면 탄산음료 T1-0001S의 가격은 같은 크기의 주스 S2-0002S의 절반 이하로, 제품의 저가 포지셔닝과 매치한다. 수치 0은 주로 생산과 재고에서 나타났다. 생산량 항목 중 S2-0002S와 S2-0003K는 모두 생산량이 0인데, 새로운 경영층이 이미 S2 제품의 생산을 중단하고 신제품 S1에 집중하고 있음을 알 수 있다. 한편 주력 제품 T1-0001S의 공장과 유통업체 재고가 모두 0인 것을 보면, 해당 제품이 품절됐으며 생산과 재고관리에 개선이 필요함을 알 수 있다.

세 번째 단계는 참조 데이터를 비교하여 차이를 분석하는 것이다. 단일하고 절대적인 숫자는 큰 의미가 없다. 여러 방면에서 참조할 수 있는 핵심 데이터를 찾아 비즈니스 인사이트를 발견하는 것이 중요하다. 기업 안팎의 환경은 수시로 변하기 때문에, 경쟁 상품과 업계 전체 수치와 대비, 지난해 동기 대비 수치나 전 단계와 비교, 심지어 단품 간 대비 등 기본적인 수치 비교 모두 훌륭한 분석 경로가 된다. 이를 통해 우리는 단일 개체를 분석하는 데 국한되지 않고 큰 관점에서 기업의 제품과 서비스를 관찰하여 더 적합한 판단을 내릴 수 있다.

예를 들어 제품 T1-0001S의 매출과 순이익은 모두 1위를 차지하고 있는데, 이는 일관된 현상인가? 지난 분기와 작년 동기에 비해 어떤 변화가 있는가? 이런 비교를 통해 판촉 활동과 대형 이벤트 같은 외부 요인으로 인한 일회성 변화들을 걸러낼 수 있으며, 계절 변동 요인도 고려할 수 있다. 또한 재고가 다 떨어진 상황은 기업이 생산 능력 배치와 재고관리를 강화할 필요가 있음을 보여주는데, T1-0001S의 과거 생산 능력과 재고를 함께 보면 보완해야 할 지점이 명확해질 것이다. 기존 데이터를 참조·비교하는 것은 문제 상황을 이해하는 데 큰 도움이 된다.

지금까지 세 단계를 통해 기업 운영에 관한 기본적인 판단을 해봤다. 그러나 데이터가 제한된 관계로 정보의 정확성을 더 디테일하게 따져보고 깊이 파헤쳐 새로운 핵심 데이터 포인트를 도출하기는 부족하다. A사의 신제품 브랜드 S를 종합 평가하려면 더 많은 재무 정보가 있어야 한다. 해당 보고서는 단품 측면의 매출액과 순이익만 제공했을 뿐, 원가와 마케팅에 관련된 구체적 수치가 빠져 있다. 원가 구성 자료를 구해서 조사해보니 중고가의 과채주스 제품 S의 총이익이 탄산음료를 훨씬 웃돈다는 사실을 발견했다. 이는 회사가 당초 하이엔드 시장을 겨냥한 목적이기도 하다. 그다음 마케팅 데이터 자료를 살펴보자 신제품 마케팅에 들어간 금액과 점유율이 지나치게 커서 손실이 발생했음을 알게 됐다. 아무리 정교한 마케팅과 대규모 홍보를 쏟아부어도 새로운 브랜드의 음료가 손익분기점을 통과하려면 최소한 1년이 걸린다는 것이 업계에 통용되는 상식이다. 이 경우 하이엔드 브랜드 S2의 생산을 중단한 결정이 맞는 것인지 검토가 필요하다. 게다가 음료 시장의 트렌드도 점차 건강과 고급스러움을 중시하는 쪽으로 변화하고 있다. 기업전략 결정 시 이런 시장의 변화도 면밀히 살펴보고 결정해야 한다.

관련 데이터를 최대한 수집하고 나면 마지막으로 분석을 거친 후 귀납하여 통찰하는 핵심 단계가 남아 있다. 통찰을 얻기란 결코 쉬운 일이 아니다. 그러나 수치를 분석하고 다듬어나가다 보면 그 과정에서 자연스럽게 결론을 얻을 수 있을 것이다. 지금까지 분석한 내용을 토대로 A사의 기업전략에 대한 통찰을 내려보자. 음료 시장에는 이미 건강을 중시하며 고급 제품을 찾는 소비 트렌드가 나타나고 있다. A사의 탄산음료 주력제품 T1-0001S의 매출이 주춤한 상황이기 때문에 건강에 더 좋고 이윤 폭이 더 큰 제품이 전략적으로 추가되어야 한다. 그러므로 부가가치가 더 높은 생과채 음료는 기업 발전을 위한 핵심 조치가 될 수 있다.

탄산음료의 이윤이 여전히 충분한 상황이니 생과채 음료를 지속적으로 출시하고 완전히 새로운 하이엔드 브랜드 S2를 발전시키면서 충분한 성장의 시간을 줘야 한다. 단품의 측면에서 볼 때 T1-

0001S는 A사에 고수익을 창출해주는 효자 상품이지만 생산 능력과 재고관리에 심각한 허점이 있다. 설 명절을 맞아 폭발하는 시장 수요를 예측하지 못해 품절 사태를 빚는 바람에 거액의 수익을 놓친 것이다. A사는 생산 계획과 재고관리 방법 및 프로세스를 점검하여 업그레이드하고, 하이엔드 제품 S2의 전면 생산 중단은 재검토해야 한다.

기업의 관리자들은 무질서한 표상에서 통찰을 찾아냄으로써 기업에 가장 중요한 부가가치를 제공할 수 있다. 통찰을 찾는 것은 앞으로 소개할 '새로운 맥킨지 5단계 기법'의 전 과정에 등장한다. 프로젝트 초기에 문제를 정의하는 것은 표상을 통해 통찰의 경계선을 찾아내는 과정이며, 가설 제기와 검증은 과학적 분석 방법을 통해 통찰을 발견하는 단계다. 마지막 단계는 의사소통으로 통찰을 전달하는 것이다.

: 결론을 먼저 전달하라

비즈니스 커뮤니케이션 시 결론(통찰)을 먼저 전달하는 것은 매우 중요하다. 어떤 보고 형식이든 우선 자신의 핵심 관점, 즉 통찰해낸 결론부터 소개한 다음 설명을 덧붙여야 한다. 도표 3-4의 왼쪽 부분은 일상 업무에서 흔히 볼 수 있는 이메일 형식이다. 본문에 "부장님, 첨부 파일을 확인해주십시오"라고 쓰고 엑셀이나 워드

도표 3-4 결론을 먼저 전달하는 커뮤니케이션 예시

부장님, 첨부 파일을 확인해주십시오.

부장님께:
리서치 결과, ××업계 투자 프로젝트는 재정 리스크가 지나치게 큰 것으로 드러났기에 투자하지 않을 것을 제안합니다.
1. 결론 1(첨부 파일 A)
2. 결론 2(첨부 파일 B)
3. 결론 3(첨부 파일 C)

자세한 내용은 첨부 파일을 참조하기 바랍니다.

문서 파일을 몇 개씩 첨부하는데, 이는 받는 사람을 존중하지 않는 무책임한 이메일이다. 커뮤니케이션에는 '말하지 않아도 통하는' 통찰이란 없다. 메일을 읽는 사람은 데이터를 해독할 시간도, 그럴 생각도 없다. 따라서 통찰을 먼저 제시하여 소통 시간을 절약하고 의사결정 과정을 가속화해야 한다.

원칙 3:
MECE 원칙

: MECE 원칙으로 본 전통 경영학 이론

나는 MBA 학위 과정을 하면서 경영전략 담당 교수에게 각종 경영학 이론을 체계적으로 배웠다. 당시에는 마이클 포터처럼 고전적인 경영학 이론을 만든 사람들은 틀림없이 천재일 거라고 생각하며 이런 이론들을 신봉했다. 실제로 마이클 포터는 세계적으로 유명한 교수로 포터의 5가지 경쟁요인 모델5 Forces Model을 제안했으며, 2005년 세계 최고의 경영 사상가 50인 중 1위에 올랐다. 그러나 몇 년이 흐르고 맥킨지에서 전략 컨설턴트로 종사하면서 이런 마음은 어느새 사라져버렸다. 프로젝트에 임하는 모든 컨설턴트는 차원 분류와 MECE 원칙으로 실제 상황에 근거해 문제 해결을 위한 수많은 이론 프레임을 만들고, 이를 토대로 전체 프로젝트의 논리를 세워야 한다. 그 과정에서 전통 이론들을 학습하는 것에서 그치지 않고 새로운 구조를 창조하는 일이 비일비재하게 일어났다.

비판적 사고자들은 전통 경영학 이론에도 차원 분류와 MECE 원칙을 적용한다. 기본기를 다지면 이런 이론들의 생성 과정을 되짚어서 시대의 요구에 더 부합한 새로운 프레임을 만들 수 있다. 여기서는 전통적인 경영학 이론들을 체계적, 비판적으로 분석하고 장단점을 되짚어보면서 MECE 원칙을 어떻게 적용하는지 더욱 심화하여 알아볼 것이다. 가장 보편적인 몇몇 고전 이론을 거시적 차원에서 미시적 차원, 외부에서 내부 순서에 따라 살펴본다. 거시적 PEST 분석부터 업계에서 널리 사용하는 포터의 5가지 경쟁요인 모델, 그리고 기업 내부 관리에 사용되는 SWOT 분석과 맥킨지 7S 모델을 살펴본 후, BCG 매트릭스 등 다차원 이론을 다루겠다.

PEST 분석

PEST 분석(도표 3-5 참조)은 하버드대학교 경제학 교수 프랜시스 아길라Francis J. Aguilar가 1967년에 최초로 제시한 도구이며[10], 기업 외부 거시경제 환경을 평가하고 분석하는 프레임워크다. 대부분의 이론이 그렇듯이 PEST 분석도 구체적인 비즈니스 문제 해결에 적용할 수 있다. 당신이 세계적 펀드의 투자 책임자라고 가정해보자. 많은 자금을 여러 국가와 지역에 분산하여 투자해야 한다면 투자

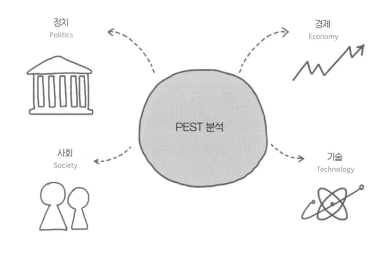

도표 3-5 PEST 분석

정치
Politics

경제
Economy

PEST 분석

사회
Society

기술
Technology

대상국과 지역 선택 시 어떤 요인을 중점적으로 고려해야 할까?

이 문제를 어떻게 해결할 것인지 팀을 짜서 브레인스토밍을 한다. 먼저 화이트보드에 이렇게 문제를 적어놓는다.

"한 국가나 지역의 거시경제가 투자하기에 적합한지 어떻게 평가하는가?"

브레인스토밍의 첫 단계는 생각할 수 있는 모든 요소를 일단 나열하는 것이다. 그다음에 이를 하나하나 조사하고 분류한다. 팀원들은 절차나 순서에 상관없이 자유롭게 아이디어를 제시하고 당신은 이를 화이트보드에 적는다. 이후 팀원들은 각 요소가 합리적인지 가치를 따져보고 그중 필요 없는 것은 걸러낸다. 이렇게 간략한 선별 과정을 거쳐 관련 요소만을 칠판에 남겨놓는다. 팀원들이 적극적으로 토론에 참여했다면 칠판은 브레인스토밍 결과로 나온 의사결정 요소로 빼곡할 것이다.

정치 안정, 국경 안정, 종교, 인구수, 소비 능력, 군사력, 투자 정책, 법치 수준, 통화 유동성, 인구성장 속도, 인구특성, 과학기술 수준, 정부의 과학기술 투자, 외국자본 규제, 보건의료, 인프라, 항구 수, 천연자원, 인터넷 발전 수준, 산업 현대화 등

브레인스토밍 두 번째 단계는 다듬고 분류하기다. 진행자인 당신의 임무는 이 중에 불필요한 요소들을 걸러내고 큰 기준으로 분류하는 것이다. 그리고 팀원들이 통일된 MECE 시각으로 이 요소들을 바라보도록 도와줘야 한다. 브레인스토밍으로 도출한 요소를 이렇게 분류해볼 수 있다.

- 정치: 정치 안정, 국경 안정, 외국자본 규제, 법치 수준
- 경제: 인구수, 인구성장 속도, 소비 능력, 투자 정책, 통화 유동성, 보건의료, 인프라, 천연자원, 항구 수, 인터넷 발전 수준, 산업 현대화
- 군사: 군사력
- 문화: 종교, 인구특성
- 기술: 과학기술 수준, 정부의 과학기술 투자

우리는 MECE 원칙에 부합하도록 항목을 묶어 대분류 결과를 얻었다. 이 5가지 분류 기준의 앞글자를 따와서 임의로 이름을 붙여보면 PEMCT(정치Politics, 경제Economy, 군사Military force, 문화Culture, 기술Technology) 분석 모형이다. 전통적인 PEST(정치, 경제, 사회, 기술) 분석과 비교했을 때 놀랍게도 세부적인 차이만 있을 뿐 여타 요소는 비슷하다.

기존의 PEST 분석 모형에서는 우리가 만든 PEMCT 분석 모형의 군사 분야를 정치 항목에 포함하고, 문화 분야를 사회 항목에 포함한다. 그러나 전쟁의 위협이 다가오고 동서양 문화가 충돌하는 이 시대에 군사와 문화에 관해 단독으로 논의하는 것은 중요하다. 즉 적용의 관점에서 볼 때 PEMCT 모형은 시대적 특성을 반영한 현대판 PEST 모형이라 할 수 있다. 우리가 앞에서 분류하기와 MECE 원칙을 연습한 것도 새로운 모형을 만드는 데 도움이 된다. PEMCT 분석이나 기존의 PEST 분석은 둘 다 MECE 원칙에 부합하는 프레임워크다. 이처럼 각 문제와 상황에 맞게 거시 환경을 판단하는 새로운 프레임을 만들어볼 수 있다.

포터의 5가지 경쟁요인 모델

국가와 지역 단위의 거시적 측면에서 이제는 한 지역에서 어떤 산업의 매력도가 높은지 평가하는 문제로 범위를 좁혀볼 것이다. 산업 매력도를 판단하는 포터의 5가지 경쟁요인 모델의 탄생 과정을 예시를 통해 함께 추측해보자.

이번에도 3~5명으로 구성된 팀원들과 브레인스토밍 과정을 반복하며 다음 문제를 해결할 것이다.

"PEST 분석 후 회사는 한국에 투자하기로 했다. 한국에는 여러 산업들이 있는데, 어떤 기준으로 투자할 산업을 선택해야 할까?"

본격적인 분석에 앞서 문제를 좀 더 간단하게 정의할 필요가 있다. 포터의 5가지 경쟁요인 모델에는 '협상력'이라는 개념이 있다. 어떤 산업이든 비즈니스 현장에서 기업들은 각종 외부 세력과 경쟁하고 협상한다. 만약 기업이 주변 세력에 대해 협상력이 강하다면 이 산업은 상대적으로 진출이 쉽고 매력 있는 분야라는 의미다. 반대로 기업의 협상력이 제한되어 있다면 이 산업 진출에 어려움이 크다는 것을 의미하고, 투자 매력도도 떨어진다.

이 논리에 따라 문제를 다시 썼다. "어떤 산업에서 (내부가 아닌) 외부에 한 기업의 성장을 제약하거나 도울 수 있는 세력은 얼마나 될까?" 정책과 법과 같은 거시적인 리스크는 PEST 모형으로 이미 논의했으므로 여기서는 기업 외부 경쟁 세력만을 보겠다. 먼저 다차원으로 분류하고 이를 세부적으로 분석하는 방법으로 문제를 해결해볼 것이다.

조식 전문 요식 업체 '아저씨 빵집'이 있다고 가정해보자. 아저씨 빵집의 발전을 제약하거나 돕는 외부의 세력은 어떤 것이 있을까? 브레인스토밍을 통해 열거해보면, 식자재 판매자, 포장용품 판매자, 거리의 다른 음식점, 떡집, 카페 등 그리고 '아줌마 빵집', '할머니 빵집' 같은 다른 빵집도 있다. 이 밖에도 온라인 판매점, 근거리에 빵집을 시작하려고 제작 설비를 구매한 사람도 경쟁 세력이 될 것이고, 거대 IT 기업이 해당 산업의 매력도를 보고 AI 설비로 베이킹 업계에 진입할 수도 있다. 논의한 결과를 종합해 5가지 유형으로 외부 경쟁 세력을 분류해보았다.

- 동종 업계 경쟁자: '아줌마 빵집', '할머니 빵집' 등 다른 베이커리 업체, 온라인 판매점
- 공급자: 식자재 판매자, 포장용품 판매자
- 소비자: 고객
- 대체재: 거리의 다른 음식점, 떡집, 카페
- 잠재적 진입자: 제작 설비를 구매한 사람, 거대 IT 기업의 AI 베이킹 설비

동종 업계 경쟁자, 공급자, 소비자, 대체재와 잠재적 진입자 이 5가지 가능성을 도출한 후 포터의 5가지 경쟁요인 모델(도표 3-6 참조)과 대조해보니 매우 유사하다. 그 이유는 무엇일까? 자세히 생각해보면 이 결과를 이해할 수 있을 것이다. 기업, 그중에서도 특히 전통 제조업 기업들은 외부 상호작용 대상이 상대적으로 제한되어 있으므로, 올바른 과정으로 분류한 결과는 대체로 기존의 이론과 비슷하다.

앞서 협상력에 따라 산업의 매력도를 판단할 수 있다고 했는데, 그렇다면 아저씨 빵집이 속한 오프라인 아침 식사 산업의 매력도를 판단해보자. 주변에 있는 외부 경쟁 세력들을 하나하나 조사하

도표 3-6 포터의 5가지 경쟁요인 모델

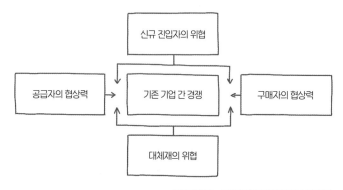

산업 매력도는 5가지 경쟁요인에 따라 달라진다

고 데이터를 분석해 조식 산업의 매력도를 판단할 수 있다. 실제 데이터를 입수해서 조사해보니 아저씨 빵집과 유사한 오프라인 조식 산업은 종합적 매력도가 크지 않아 투자하지 않는 것으로 결론을 내렸다. 가격 협상력에 기반하여 분석했을 때 조식 산업은 공급업체가 가격 협상력이 강하고 원자재가 식품류이기 때문에 기업이 가격을 협상할 수 있는 여지가 제한적이다. 한편, 소비자는 선택지가 많기에 브랜드 역량이 약한 상황에서는 업체가 약세에 놓이고 소비자에게 강력한 가격 협상력이 돌아간다. 또한 상대적으로 과학기술이 크게 필요하지 않은 산업이기 때문에 진입 문턱이 낮아 누구나 쉽게 창업할 수 있다. 게다가 떡집, 카페, 기타 아침 식사를 제공하는 곳은 모두 대체재에 속하므로 대체재가 시장에 넘쳐난다. 동종 업계 경쟁자들이 상대적으로 강세인 상황에서 '아저씨 빵집' 제품에 내세울 특징이 없다면 소비자의 브랜드 인지도가 낮아서 시장점유율을 다른 브랜드에 쉽게 내줄 것이다. 이와 같이 포터의 5가지 경쟁요인 모델은 기업전략 분석 과정을 체계화함으로써 단시간 내에 일차적 판단 결과를 도출하도록 돕는다.

그런데 포터의 이론은 정말 완벽할까? 비판적 사고자라면 MECE 원칙으로 이론을 재검토해볼 수 있다. 기업 발전을 제약하는 외부의 '킬러' 세력이 있는가 하면 기업 발전에 도움이 되는 기업도 있다. 이런 외부 기업들은 해당 기업과 상생하는 특징이 뚜렷하니 '협력자'라고 부르겠다. 가령 우유를 파는 기업은 '아저씨 빵집'과 상호 보완관계에 있다. 같은 아침 식사류 제품이지만 서로 제품에는 큰 차이가 있고, 경쟁 제품이나 대체재가 아니다. 빵과 우유는 유사한 소비층을 타기팅하기 때문에 두 제품을 세트로 묶어 모닝밀 제품을 판매하는 등 서로 협조하여 손님을 끌 수 있다. 이렇게 '협력자' 요인을 추가하여 포터의 5가지 경쟁요인 모델의 확장판인 '6가지 경쟁요인 모델'을 만들었다. 외부 세력을 전면적으로 분석함으로써 모든 가능성을 누락하지 않는 MECE 원칙에 부합하도록 수정할 수 있다.

'6가지 경쟁요인' 외에 다른 경쟁요인은 또 없을까? 물론 있다. 산업의 특수성은 때때로 보편적 원칙을 흔들어놓는다. 많은 산업에는 노조가 있는데, 노조는 비록 기업 체제 밖에 존재하지만 기업 내부의 경영과 직접적인 관계가 있어 업계에 매우 중요한 영향을 미친다. 이 밖에 모피 가공업이나 광산 개발 같이 일부 특수한 업종은 외부 공익 기구와 동물보호협회, 환경보호 비정부기구NGO의 간섭을 받는다. 해당 산업의 특수성을 무시하고 기존 모형을 그대로 답습해서는 안 된다. 기존의 이론 프레임을 기반으로 하되 사안별로 추가적인 방안을 마련해야 한다.

5가지 경쟁요인 모델을 모든 기업에 적용할 수 있을까? 꼭 그렇지는 않다. 전통 제조업에서 다른 산업으로 눈길을 돌려보자. 인터넷 기업은 이미 상당히 다원화되었으며, 이들 중 대다수는 뚜렷한 공급업체가 없다. 대학과 교육기관은 소프트웨어 개발 기업에 인재를 제공하고, 소프트웨어와 하드웨어 플랫폼 기업은 서버와 코드 플랫폼을 제공한다. 그러나 물품을 매매하는 것에 가까운 이 같은 공급 관계는 제조업 기업의 원자재 공급자에 대한 의존과는 이미 본질적으로 다르기 때문에 이 모델을 그대로 적용하기는 어렵다.

내부 분석 도구: SWOT 분석과 맥킨지 7S 모델

거시경제 분석을 위한 PEST 모형, 산업 매력도 분석을 위한 5가지 경쟁요인 모델까지 기업 외부 분석 도구를 살펴보았다. 이제 기업 외부에서 내부로 눈을 돌려 미시적 관점에서 내부 역량을 분석하는 SWOT 분석과 맥킨지 7S 모델을 알아보자.

SWOT 분석

강점Strengths, 약점Weaknesses, 기회Opportunities, 위협Threats을 의미하는 SWOT 분석은 가장 보편적인 분석 모형이다. 그러나 때로는 남용되기도 한다. 많은 MBA 졸업생 또는 경영 수업을 들은 관리자들이 PPT에 SWOT 분석을 꼭 넣어야 한다고 생각하는데, 사실 SWOT 분석은 논리적 사고 관점에서 보면 가장 간단한 일차원 분류 방법이다. '내부 vs 외부'로 문제를 나눈 후, 여기에 '좋음 vs 나쁨'을 추가하여 사분면을 구성했을 뿐이다.

- 강점: 기업 경영에 유리한 내부 요소
- 약점: 기업 경영에 불리한 내부 요소
- 기회: 기업 경영에 유리한 외부 요소
- 위협: 기업 경영에 불리한 외부 요소

SWOT 분석은 생각을 대략적으로 정리하는 도구로 설계된 것이지 사고의 결과와 통찰을 보여주는 방법이 아니다. 기업 경영을 위한 내부와 외부 분석에는 더욱 세밀하고 깊이 있는 방법이 필요하다. 외부 분석 시에 SWOT 분석에서는 외부의 '기회'와 '위협'이라는 두 요소를 제시했지만, 포터의 5가지 경쟁요인 모델은 더 깊이 있게 사고할 수 있는 프레임을 제공한다. 내부 분석 요소도 단순히 '좋은 것'과 '나쁜 것'으로 나눈 SWOT의 논리는 지나치게 투박해서 '맥킨지 7S 모델'이나 전략을 한눈에 볼 수 있게 만든 '전략 캔버스Strategy Canvas'와는 세부 차원에서 큰 차이가 있다. 따라서 기업 보고서에 SWOT 분석만 소개한다면, 전체적으로 너무 거칠고 충분한 사고의 깊이를 갖추지 못한 분석으로 보일 수 있다.

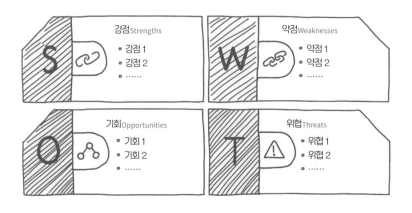

맥킨지 7S 모델

기업 내부 관리를 위한 훌륭한 분석 프레임들이 많지만, 그중에서도 대표적인 것이 맥킨지 7S 모델이다. 맥킨지 7S 모델은 맥킨지의 컨설턴트 로버트 워터맨Robert H. Waterman Jr.과 톰 피터스Tom Peters가 1980년대 초반에 최초로 제시한 도구로, 기업 내부의 각 요소가 어떻게 상호작용하는지 잘 설명해준다. 지금까지는 분석 모델이 만들어진 과정을 예시를 통해서 살펴보았는데, 이번에는 분류와 MECE 관점에서 맥킨지 7S 모델이 합리적인지를 알아보겠다. 맥킨지 7S 모델은 전략, 구조, 시스템, 공유 가치, 스타일, 직원, 능력이라는 7개 요소로 이루어져 있다.

• 전략Strategy: 조직이 지속 가능한 경쟁 우위를 구축하기 위한 계획

- 구조Structure: 기업 조직구조 및 보고 체계

- 시스템Systems: 직원이 임무 수행을 위해 사용하는 시스템과 프로세스

- 공유 가치Shared values: 기업의 핵심 사명과 문화

- 스타일Style: 기업의 의사결정과 경영 스타일

- 직원Staff: 조직 구성원

- 능력Skills: 조직의 종합 능력

맥킨지 7S 모델은 '공유된 가치'를 중앙에 배치함으로써 모든 요소들을 연결하는 가치관의 역할을 부각한다(도표 3-8 참조). 프레임 속 모든 요소는 가치관을 둘러싸고 있다. 주로 혁신 과정에 있는 조직에서 실제로 관리자들은 각 요소를 둘씩 짝지어 분석하고, 그래프를 매트릭스로 전환하여 사용한다. 그런데 맥킨지 7S 모델의 7대 요소가 MECE 원칙에도 부합할까? 그 답은 놀랍게도 부정적이다. 비록 7S 모델이 맥킨지라는 타이틀을 달고 있기는 하지만 7개의 요소 중 MECE 원칙을 위반하는 요소들이 몇몇 있다.

'공유 가치'는 전체 그래프의 중간에 위치하여 다른 요소와 '중심 vs 주변'이라는 1차 관계를 형성한다. 기업 내부 운영에 영향을 미치는 요소가 가치관과 그 외의 핵심 요소로 나뉘지니 이는 MECE 원칙에 부합한다. 그다음 공유 가치 주변에 배열된 2차 전개의 6개 요소들이 MECE 원칙에 부합하는지 살펴보자. '직원'과 '능력', '직원'과 '스타일'은 명백히 겹치는 부분이 있다. 직원에 능력이 일부 포함되며, 어떤 면에서는 직원이 능력을 결정하기까지 한다. 스타일도

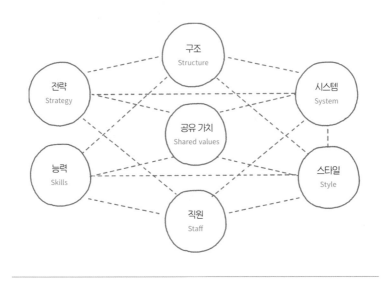

마찬가지로 직원 및 공유 가치와 상관관계가 있으며, 어느 정도 겹치는 부분이 있다. 이는 각 요소가 상호 배타적이면서 겹치지 않아야 한다는 MECE 기준에 어긋난다. 이러한 한계점 때문에 실제 활용 과정에서 어려움을 겪을 수 있다. 그러나 우리가 논리적 사고법으로 기존 프레임의 결함을 판별하고, 실무에서 필요에 따라 새로운 프레임을 선택하거나 만들 수 있다면 문제 해결에 큰 도움을 받을 수 있을 것이다.

다차원 분석 프레임: BCG 매트릭스와 소비자 지각도

구조화 전략적 사고를 하려면 단일 차원에서 다차원 사고로 도약해야 한다. 앞에서 본 도구들은 모두 단일 차원으로 분석한 전형적 프레임이다. 지금부터는 다차원으로 분석한 프레임 두 가지를 살펴보고 비판적으로 분석해보겠다.

BCG 매트릭스

BCG 매트릭스(성장-점유율 매트릭스)는 보스턴컨설팅그룹Boston Consulting Group, BCG의 설립자가 1970년 최초로 고안한 것으로, 기업 제품전략을 평가하는 프레임 중 하나다. BCG 매트릭스는 쉽게 말해 시장의 '성장률'과 그 속에서 기업의 '점유율'이 어떻게 되는지 두 가지 차원으로 나누어 평가하는 도구다. 시장성장률은 주로 시장 매출 총액의 성장률로 판단한다. 기업의 점유율(능력)에는 제품의 시장점유율, 기술, 설비, 자금 이용 능력 등이 포함되는데, 보통은 제품의 시장점유율을 평가의 기준으로 삼는다.

다음은 간단한 버전의 BCG 매트릭스(도표 3-9 참조)다. X축은 상대적 시장점유율로 단순화했고, Y축은 시장 매출 총액의 성장률을 지표로 삼았다. 두 기준으로 나뉜 사분면을 '제품 유형'이라고 부를 수 있다. BCG 매트릭스는 다차원 그래프 특성상 제품을 상응하는 사분면에 배치하여 발전 전략의 방향을 자연스럽게 확정할 수 있다. 각 사분면이 무엇을 의미하는지 자세히 알아보자.

캐시카우Cash Cow 사업: 포화 상태에 있거나 약간 위축된 성숙한 시장이며, 제품의 시장점유율이 높다. 예를 들어 포화 상태인 탄산음료 시장에서 코카콜라는 시장점유율이 높은 캐시카우 제품에

도표 3-9 BCG 매트릭스

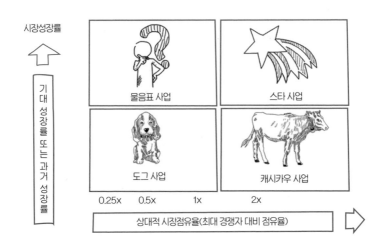

속한다. 캐시카우 제품의 전략 방향은 기본적인 공급을 보장하고 단시간 내에 더 많은 수익을 창출해 혁신 제품 개발에 자금을 지원하는 것이다.

스타Star **사업**: 고속으로 발전하는 성장 시장이며 시장점유율이 높다. 전기자동차 산업에서 엄청난 성장률을 보인 테슬라가 그 예다. 스타 사업은 시장 기회를 포착해 집중 투자하고 규모를 적극적으로 확대함으로써 시장점유율을 높여 경쟁자들의 시장 진입 문턱을 높이는 전략을 취해야 한다.

물음표Question mark **사업**: 고속으로 발전하는 성장 시장이며 시장점유율이 낮다. 고성장 영역에 속하여 자본과 잠재적 경쟁자들이 몰려들 수 있으니 이런 시장에서는 사업을 적극적으로 추진하지 않으면 도태한다. 따라서 투자를 확대해 스타 사업으로 키우거나, 도그 사업으로 간주해 철수하거나 두 전략 중 선택해야 한다.

도그Dog **사업**: 포화 상태에 있거나 약간 위축된 성숙한 시장이며 시장점유율이 낮다. 도그 사업에는 주로 철수 전략을 권한다. 시장성장률과 시장점유율이 모두 낮다면 적당한 때에 사업을 접어야 하며, 이때는 생산을 줄이고 점진적으로 퇴진해야 한다.

BCG 매트릭스는 모든 제품을 사분면으로 분류해 기업전략의 방향성을 잡는 데 도움을 준다. BCG 매트릭스는 전략 논의의 훌륭한 출발점이며, 이 프레임을 통해 도출한 결론으로 구체적인 전략을 세울 수 있으므로 실전에서 활용도가 높다. 이 밖에도 내부에서 제품을 같은 기준으로 포지셔닝할 수 있어 효율적인 의사소통이 가능하다. 기업 입장에서도 내부 소통 비용을 줄이고 전략을 효과적으로 실행할 수 있는 기회가 된다.

BCG 매트릭스의 단점을 굳이 꼽자면, X축과 Y축인 상대적 시장점유율과 시장성장률 기준이 모호하다는 점이다. 차원으로 분류를 할 때는 구체적이고 측정 가능한 객관적 기준이 있어야 한다. 그러나 X축의 핵심 분류 포인트는 산업과 시장의 경쟁 상태에 따라 변화한다. 도그 사업이 어떤 구체적 데이터 포인트에서 캐시카우 사업으로 변하는지는 그동안 논란의 쟁점이 되어왔다. 세분시장에서 제품이 차지하는 점유율을 어떻게 확인하느냐도 논쟁의 여지가 큰 이슈다. Y축에 대해서도 유사한 논란이 제기된다.

또 다른 비판점은 결과가 지나치게 단순화·획일화된다는 것이다. 현실에서는 이 네 가지 차원보다 훨씬 더 많은 요소들이 복잡하게 얽혀 있다. 실제로 대다수 제품이 매트릭스에서 도그 사업으로 구분되는데, 사실 이 결과에는 여기서 고려하지 않은 다른 문제들도 얽혀 있기 때문에 무조건 철수해야 한다는 획일적인 결론을 내리기는 어렵다. 가령 소비재 업종에서 도그 사업에 해당되는 제품들은 다품종 전략의 일부일 가능성이 크다. 미국의 시리얼 시장에서 선두를 달리고 있는 제너럴 밀스, 켈로그 같은 기업은 대량의 도그 제품으로 매장 진열대를 점령해 다른 중소 경쟁사들이 진열 공간을 확보하지 못하게 했다. 또한 도그 제품은 메인 제품의 리스크를 방어해주기도 한다. 메인 브랜드에 리스크가 발생했을 경우, 기업은 성숙한 도그 제품에 대한 홍보를 확대하여 주력 제품의 빈자리를 메울 수 있다.

비록 한계점과 비판의 여지는 있으나 BCG 매트릭스는 여전히 유용하게 사용되고 있으며, MECE 원칙에도 부합한다. 이 매트릭스가 의미 있는 전략 논의를 장려하는 고전적 이차원 프레임워크임에는 틀림없다.

소비자 지각도

BCG 매트릭스가 '제품'에 관한 전략 프레임이라면 소비자 지각도perceptual map는 '고객'을 분석하는 도구로, 소비자 유형을 세분하고 각 고객 그룹에 근거해 기업의 제품전략을 정하는 것이다. 다른 다차원 그래프처럼 소비자 지각도 역시 두 개의 차원으로 나눈다 (도표 3-10 참조). X축은 소비자가 얼마나 제품의 가치를 중요하게 인식하는지를 나타내는 '가치 인식'이다. 가치 인식이 높을수록 제품의 품질, 원료, 기술, 포장 등 요소가 우수하다고 볼 수 있다. Y축은 브랜드의 이미지에 대한 소비자의 인식과 요구 정도를 의미하며 이를 '이미지 인식'이라고 한다. 이 수치가 높을수록 소비자는 구매 결정 시 브랜드 이미지에 큰 가치를 둔다. 소비자의 가치 인식과 이미지 인식이라는 두 축은 서로 상호작용하는 요소다. 두 축으로 나눈 사분면은 아래 네 가지 소비자 유형을 나타낸다.

도표 3-10 세분시장의 소비자 지각도

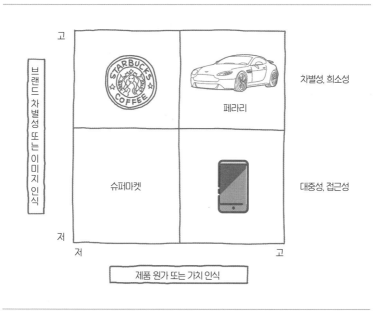

가격 민감형: 제품 가치와 브랜드에 대한 요구가 상대적으로 낮다. 이 유형에 속하는 제품을 구매할 때 가장 중요한 의사결정 요소는 주로 가격이다. 기업은 규모화와 자동화 등 원가를 낮출 방법을 고안하여 지속 가능한 가격 경쟁력을 갖춰야 한다.

최고 추구형: 제품 가치와 브랜드에 대한 요구가 모두 높다. 좋은 물건이면 기꺼이 지갑을 여는 타입이다. 이런 소비자를 타깃으로 하는 기업들은 가치와 브랜드를 조합하여 시장에서 고지를 차지해야 한다. 애플의 스마트폰은 제품 가치와 브랜드를 모두 인정받은 상품으로, 시장에서 가격 결정권을 쥐고 있다.

실용형: 제품 가치에 대한 요구는 높고, 브랜드에 대한 요구는 낮다. 양질의 가성비를 추구하는 소비자 유형이다. 광고 마케팅 방식에는 덜 민감하고 높은 가치와 합리적 가격의 제품을 원한다. 유명한 브랜드가 아니더라도 원하는 기능을 만족하는 제품을 찾는다.

만족 추구형: 제품 가치에 대한 요구가 상대적으로 덜 민감하나, 브랜드에 대한 요구는 높다. 트렌드를 추구하고 브랜드를 위해서라면 프리미엄 가격을 지급할 의향이 있는 소비자 그룹이다. 예를 들어 이런 소비자들은 스타벅스 커피를 구매할 때 커피 품질에 큰 가치를 두기보다는 브랜드 이미지에 투영되는 '소확행'이라는 만족스러운 경험을 위해서 소비를 한다.

소비자 지각도와 BCG 매트릭스는 모두 기업 제품전략의 방향을 정하는 데 이용된다. 어떤 제품이든 소비자 전체를 아우를 수는 없기에 특정 소비자 그룹에 서비스를 집중해야 한다. 세분시장 그룹을 자사 제품들과 매치하면 각 소비자 그룹의 니즈 특색에 근거하여 전략을 짤 수 있다. 예를 들어 가격 민감형 소비자를 겨냥하는 제품이라면 생산 자동화와 표준화 등의 노력을 통해 생산원가를 절감해야 한다. 최고 추구형 소비자를 겨냥한다면 제품 가치와 브랜드 모두 시장을 선도할 수 있게 노력해야 하며, 광고 투자와 연구개발, 제품 세대교체 중 어느 것도 소홀히 하지 않아야 한다. 만족 추구형 소비자를 겨냥한 제품은 브랜드 이미지가 매우 중요하므로 기업은 시장과 마케팅에 자본을 집중적으로 배치해야 한다.

경쟁이 치열한 시장 환경에서 성공하려면 특정 소비자 그룹의 니즈를 충족하는 것이 기본이다. 기업의 자원은 한정되어 있으므로 반드시 특정한 세분시장의 수요를 만족해야 한다. 소비자 지각도는 시장세분화전략의 실용적 도구로, 제품에 대한 소비자 인식을 두 핵심 차원으로 분석하여 소비자 중심의 제품전략 프레임을 제공한다.

그러나 다른 이론과 마찬가지로 소비자 지각도에도 한계점이 있다. 소비자에게 중요한 척도 중 하나인 가격이 이 모형에서는 충분히 수치화되지 않았다. 품질, 원자재, 기술, 포장, 브랜드 등 가격 요인이 X축과 Y축의 요소에 포함되기는 하지만, 수치화하기 어려운 편이다. 가격 척도가 없어서 나타나는 모순은 만족 추구형 소비자 유형에서 비교적 두드러진다. 만족 추구형 소비자와 가격 민감형 소비자는 가격 수용 능력에 큰 차이가 있다. 만족 추구형 소비자는 기꺼이 지갑을 열 의향이 강하기 때문에 만족 추구형 제품의 가격은 가격 민감형에 비해 훨씬 높게 정해진다. 그러나 소비자 지각도에서 두 그룹은 서로 유사한 X축(제품 가치 인식) 좌표 위치에 있다. 본 모형의 Y축(브랜드 이미지 인식) 정의에도 가격 차이라는 요소가 충분히 반영되지 않았다.

알고리즘으로 가격 요소를 X축에 편입할 수도 있으나 그러면 모형이 더욱 복잡해진다. 가격을 X축과 Y축을 초월하는 제3의 척도로 만드는 방법도 있지만 구현하는 방식에 상당한 난이도가 있다. 따라서 소비자 지각도와 유사한 전형적 다차원 그래프가 실전에는 약하다고 생각한다. 그렇기에 논리적 사고법을 익혀 우리가 알고 있는 고전 이론들의 부족한 점을 분석하고, 보완하여 현실에 맞게 사용하는 것이 중요하다.

다차원 그래프 실전 사례

지금까지 소개한 고전적 경영 이론에서도 본보기로 삼을 만한 내용이 많다. BCG 매트릭스만 해도 적절히 활용하면 실용적인 비즈니스 인사이트를 도출할 수 있다. 그러나 비판적 사고자들은 한 걸음 더 나아갈 필요가 있다. 중요한 비즈니스 보고를 할 때마다 최소한 하나 이상의 다차원 핵심 그래프를 사용하고, 여러 척도로 분석하여 사고의 깊이와 폭을 입체적으로 표현해야 한다.

성장전략 그래프

실전 사례를 통해 다차원 그래프를 어떻게 활용하는지 알아보자. 먼저 제품 카테고리 확장 분석을 위한 다차원 핵심 그래프를 소개한다. 전략 컨설팅에서 성장전략은 비교적 흔한 주제다. 선도기업은 덩치가 크기 때문에 해당 기업의 성장은 전체 업계의 성장 추세와 기본적으로 맥을 같이한다. 업계 전체의 성장 속도가 느려질 때 기업 경영진은 주력 제품 외의 다른 시장을 고려하게 된다. 즉 카테고리 확장은 인근 업종으로 사업을 확장하여 새로운 성장 계기를 모색하는 전략이다.

몇 년 전 국내 최대 가전제품 기업 H사의 초빙으로 카테고리 확장 전략 설계를 맡게 됐다. 우리 팀은 프로젝트 초기부터 다차원 전략 프레임을 구축하여 전체 프로젝트의 방향성을 제시했다. 가전 업계의 카테고리 확장 분석을 위한 다차원 핵심 그래프를 살펴보자(도표 3-11 참조). 분석 그래프에서 X축 좌표는 '연관 상품 카테고리'를, Y축은 기업이 자체적으로 정의한 '핵심 경쟁력'을 나타낸다. X축의 카테고리는 MECE 원칙에 맞게 나누고 핵심 제품인 백색가전과 연관성이 높은 순서대로 배열한다.

그래프에서 X축과 Y축의 눈금을 따라 축과 수직 방향으로 직선을 그으면 선이 서로 교차하면서 그물 모양의 매트릭스가 된다. 이때, 그래프 속 사각형들은 각각 새로운 카테고리와 기업의 핵심 경쟁력이 매치되는지 판단한 결과다. 이런 그래프가 전형적인 '핵심 그래프'다. 초기에 이 프레임을 토대로 전략 토론을 해나갈 수

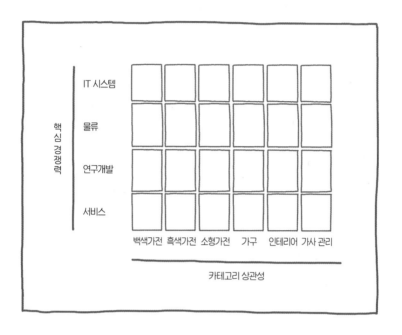

있다. 토론 시 그래프에 있는 각 사각형에 대해 순서대로 토론을 진행한다. 새로운 카테고리와 특정 핵심 경쟁력이 일치할 경우 'V' 표시를 하고, 일치하지 않을 경우 '×', 불확실한 경우 'O'로 표시한다. 모든 사안을 토론한 후 다시 세로 방향으로 관찰한다. 이러한 예비 조사 결과(도표 3-12 참조), 체크 표시가 있는 '흑색가전', '소형가전', '가구' 항목이 기존 핵심 경쟁력과 비교적 잘 매치됨을 알 수 있었다. 이에 해당 카테고리를 더욱 심층적으로 조사하기로 했다.

다음 단계는 이 세 분야의 시장이 얼마나 크고 경쟁력이 치열한

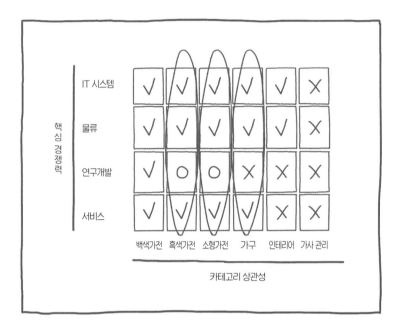

지, 경쟁자는 누구인지 등 기존 시장 상황을 관찰하고 수요 변화에 주목하는 것이다. 그 시장에 진출하게 된다면 기업이 갖춰야 할 새로운 핵심 능력에는 어떤 것이 있으며, 이를 단시간 내에 갖출 수 있는지도 고려해야 한다. 그래프를 가로 방향으로 관찰하면서 기업이 차별성 있는 서비스를 제공할 수 있는 능력이 무엇인지 살펴본다(도표 3-13 참조). IT 시스템, 물류와 서비스 능력은 모두 훌륭한 선택지다. 특히 물류와 서비스는 당시 시장이 거의 공백 상태라서 새로운 사업 확장의 타당성을 고려하는 데 큰 도움이 됐다.

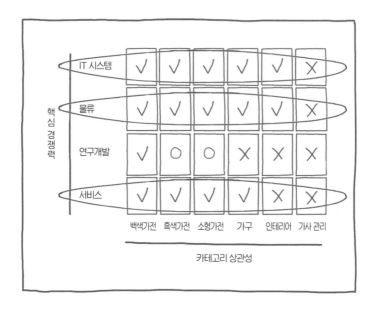

이 그래프는 복잡하고 모호한 기업 확장 문제를 논의할 가치가 있는 구체적인 구조로 분해하여 좋은 토론의 출발점이 되어준다. 또한 MECE 구조로 전체적인 안목에서 누락 없이 확장 기회를 생각해볼 수 있다는 점에서 전략적으로 중요한 그래프다.

: MECE 원칙과 창의력

미래는 이미 와 있다. 단지 아직 널리 퍼져 있지 않을 뿐이다.

— 윌리엄 깁슨

1970년대 노벨상 수상자 로저 스페리는 좌뇌와 우뇌가 각각 다른 기능을 수행한다는 사실을 발견했다. 그 후 학자들이 연구를 통해 우뇌가 음악, 직감, 그림 인지 등 창의력에 더 많이 관여하고, 좌뇌는 언어, 숫자 등 논리적 추리에 더 많이 관여한다고 밝혔다. 이를 바탕으로 우뇌를 많이 사용하는 사람들은 창의력에 강한 예술가가 많고, 좌뇌를 많이 사용하는 사람은 논리와 숫자에 강한 과학자들이 많다고 주장하는 그 유명한 '좌뇌 vs 우뇌' 이론이 탄생했다. 그러나 이 주장은 20세기 말 실험을 통해 오류임이 증명됐다. 뇌의 부위별로 기능 차이가 있기는 하지만, 인간이 뇌를 사용할 때는 좌·우뇌를 함께 쓴다는 사실이 밝혀진 것이다. 유타대학교에서는 최근 연구에서 1천 명을 대상으로 좌·우뇌 활용 습관을 조사했는데, 실험 결과 양쪽 뇌의 활동 정도가 크게 차이 나지 않았다고 한다.

구조화 전략 사고는 논리적 사고 기법의 일종이다. 논리적 사고와 창의적 사고는 뇌의 특정 부위에서 이루어지지만, 둘은 대립 관계라기보다는 오히려 상호 보완적 관계다. 때로는 논리적인 사고를 할 때 상식을 뒤엎는 창의력이 필요하다. 논리적 사고법을 제대로 사용하려면 빠른 사고의 고정관념에서 탈피해 전방위로 문제 해결법을 찾아야 한다. 여러 가지 측면에서 분류와 MECE 원칙은 사고의 틀을 깨는 좋은 도구라고 할 수 있다.

예시: 태풍 부는 날 상하이 벗어나기

MECE 원칙을 이용해 실제 생활 속 문제를 창의적으로 해결한 사례를 소개하겠다. 몇 년 전 여름, 강력한 태풍이 상륙하여 상하이에 있는 모든 비행기가 발이 묶이고 고속열차도 절반이 운행을 중단했다. 8월 9일에 상하이에 있었던 나는 이틀 후인 11일 오전까지 다른 도시에서 열리는 중요한 회의에 참석할 예정이었다. 일정에 차질을 빚지 않기 위해 8월 9일 저녁에 출발해 10일 오전에 도착하는 준고속열차 티켓을 예약해두었다. 그런데 예상 밖의 사태가 발생했다. 8월 9일 저녁 역에 도착하자 바람이 미친듯이 불고 비가 억수같이 쏟아져 열차 운행이 중단된 것이다. 게다가 태풍이 이제 막 상륙했고 다음 날 더 심해질 거라는 기상예보가 있었다. 과연 어떻게 해야 11일까지 무사히 도착할 수 있을까?

8월 9일 저녁 8시, 나는 역에서 열차표를 취소하려고 줄을 서 있었다. 11일까지 도착하기 위해서는 당장 행동을 취해야 했다. 목적지까지 가는 교통수단을 MECE 원칙에 따라 비행기, 기차, 자동차, 선박으로 분류했다. 선박은 속도가 느려서 정한 시간에 도착하기 어려우므로 배제했다. 자동차는 여러모로 불편하여 솔루션에서는 일단 고려하지 않았다. 우선 비행기와 기차로 가는 방법을 알아보고 여의치 않으면 자동차로 가는 방법을 알아볼 예정이었다.

　기차와 비행기는 성공 확률이 높은 편에 속한다. 기차는 기상 변화에 대처하는 능력이 강하기 때문에, 기차나 고속철이 상하이에서 출발할 수 없다면 비행기가 순조롭게 이륙할 확률은 거의 없다. 순조로운 일정을 보장할 수 있는 순서대로 배열해보니 기차가 단연 우선순위를 차지한다. 따라서 가장 먼저 선택한 것이 기차였으며, 자동차는 대비책으로 남겨뒀다. 이렇게 교통수단에 관한 MECE 분석 1단계를 완료했다.

　2단계 분석은 출발하는 방향에 관한 것이다. 상하이에서 목적지까지는 남쪽 방향으로 가야 하지만 사실 태풍의 영향권에 있는 도시를 벗어날 수만 있다면 어떤 방향이든 상관없었다. 나는 태풍 지역을 벗어나려면 어느 방향으로 가야 하는지 분석했다. 크게 나누면 동, 서, 남, 북 네 개 항목이 있다. 동쪽으로 가면 바다가 나오므로 배제했다. 태풍이 남쪽에서 북쪽으로 불고 있었기 때문에 당시 남쪽과 북쪽으로 가는 열차는 모조리 운행이 취소됐으므로 이것도 배제했다. 그렇다면 유일한 가능성은 서쪽으로 가는 방법이었다. 태풍권에서만 벗어나면 거기서 비행기나 기차로 남쪽으로 갈 수 있다. 서쪽이라는 2차 분석 결과가 나왔으므로 A시, B시, C시 등 서쪽의 대도시들을 재빨리 나열했다. A시는 상하이에서 비교적 가깝지만 태풍의 영향을 받을 우려가 컸다. C시는 B시보다 더 큰 교통 허브를 이루고 있는 도시이니 비행기 티켓을 살 수 있는 선택지가 더 많을 것이다.

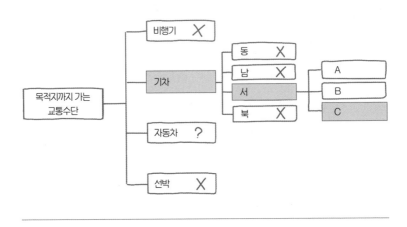

도표 3-14 교통수단 선택항 MECE 분석도

따라서 최종 결정은 준고속열차나 고속철을 타고 C시로 가는 것이었다. 결정을 내린 다음 당장 핸드폰으로 당일과 이튿날 상하이에서 C시로 가는 고속철이나 준고속열차를 검색했다. 당일 티켓은 이미 매진이었고, 이튿날은 두 열차 모두 표가 남아 있었다. 혹시 모를 사태에 대비해 나는 각각 다른 시간의 기차표 두 장을 따로 구매했다. 이어서 열차가 C시에 도착하는 시간에 맞춰 C시에서 목적지까지 가는 비행기 표를 예약했다. 나는 창구 앞에서 줄을 서서 티켓을 환불받는 15분 만에 MECE 분석 기법을 이용하여 상세한 계획을 세웠다.

8월 10일이 되자 태풍은 더 맹렬한 기세를 떨쳤고, 예상했던 대로 모든 비행기와 북쪽, 남쪽으로 가는 열차가 운행을 중단했다. 그러나 내가 탄 서쪽 방향 열차는 예정대로 출발했다. 몇 시간 후 C

시에 도착하자 태풍의 영향권에서 완전히 벗어나 날씨가 매우 맑았다. 혹시 모를 사태에 대비해 구입했던 기차표를 모두 환불받고 C시에서 목적지로 가는 비행기에 올라 10일 오후에 도착했다. 8월 11일, 나는 그렇게 회의에 무사히 참석할 수 있었다. 그런데 상하이에서 온 참석자는 내가 유일했다. 상하이에서 출발할 예정이었던 다른 참석자들은 날씨 때문에 오지 못한 것이다. 어차피 모든 비행 노선이 취소됐으니 날씨 때문이라고 하면 꽤 합리적인 해명으로 들린다. 그러나 문제 해결에 뛰어난 비판적 사고자들은 결코 한 번에 'No'라는 최종 답안을 내놓지 않는다.

MECE 분류법을 일상 문제에 적용하여 빠르게 솔루션을 도출한 사례를 봤다. 모든 가능성을 논리적으로 나열하고, 한 가지 방식만 고집하지 않고 해법을 찾아 창의적인 결론을 얻은 케이스다. 누군가는 이런 의문을 제기할지도 모르겠다. 경험 많은 여행자라면 이런 우회 노선은 다 알고 있으며, 기차를 이용해 비행기로 갈아타는 방법이 무슨 특별한 솔루션이냐고 말이다. 하지만 여기서 짚고 넘어갈 것이 있다. 논리적 사고법을 이용하면, 처음 이런 상황에 맞닥뜨렸을 때라도 경험으로 터득한 최적의 해결 방안과 근접한 결론을 찾을 수 있다는 점이다. 이렇게 한 번에 정확하게 대처하는 것은 몇 번 실패를 거듭한 후 경험치를 쌓아 결론을 도출하는 것과는 완전히 다르다. 비즈니스 현장은 전쟁터와 다름없어서 실수를 용납하지 않는다. 실패가 더는 성공의 어머니가 아닌 셈이다.

예시: 인간과 컴퓨터 간 상호작용이 가져올 '대형 사건'

구조화 전략 사고법은 기존의 문제를 분해하고 솔루션을 찾을 수 있을 뿐 아니라, 미래 발전 추세를 전망해 제품 연구개발에 시사점을 제공할 수 있다. 애플을 예로 들어보자. 당시 스티브 잡스는 터치스크린 기술을 창의적으로 활용하여 모바일 디바이스 혁명을 이끌었다. 애플은 핸드폰 업계에서 최초로 정전식 터치스크린을 대규모 상용화했으며, 심플하고 우아한 디자인과 간편한 앱을 장착한 아이패드와 아이폰으로 1조 달러의 모바일 디바이스 시장을 오랫동안 독점했다. 그 전환점이 애플의 터치스크린 상용화라는 사실은 자타가 공인하는 바다.

나는 우리가 논리적 사고법을 이용해 터치스크린을 활용하게 된 과정을 추측해볼 수 있으며, 핸드폰 시장이 어떤 방향으로 발전해갈지 예측할 수 있다고 말하고 싶다. 물론 내 말이 터무니없는 소리로 들릴 수도 있다. 어떻게 미래를 예측한단 말인가? 그러나 미래는 이미 도래했다. 비판적 사고자는 신기한 예측 능력이 없어도 이성적으로 구조화 분류를 진행하고 모든 가능성을 누락없이 연구함으로써 미래를 예측할 수 있다.

터치스크린은 인간이 컴퓨터나 기계를 조작하고 상호작용하는 한 방법이다. 그렇다면 우리가 컴퓨터나 기계를 조작할 때 어떤 신체 부위를 이용해야 기계를 정밀하게 제어할 수 있을까? 우선 정밀한 제어란 무엇인지 그 정의부터 살펴보자. 컴퓨터를 제어할 때는 마우스의 상하좌우 움직임 등을 통해 정확한 지시를 내려야 한다.

이때 눈이 훌륭한 기관으로 사용될 수 있다. 안구의 동작을 정밀하게 제어함으로써 컴퓨터를 조작하는 것이다. 심장이나 다른 신체 부위는 정밀 제어에는 부적합하다. 운동을 통해 심장 박동을 유도할 수는 있지만 연속성과 정밀도 측면에서는 그리 효과적인 선택지는 아니다.

구조화 분류를 통해 인간과 컴퓨터 간 상호작용에 사용할 수 있는 신체 부위를 나누면 뇌, 눈, 입, 손, 발과 몇몇 부위의 조합으로 1차 도출할 수 있다. 다음 단계에서는 일부 기관이나 부위를 상호작용 방식에 따라 세분할 수 있다. 가령 가장 유연한 손의 상호작용 방식은 만지기(온도), 누르기(압력), 동작(손 흔들기) 등이 있다. 입도 다양한 기능이 있는 기관으로, 상호작용 방식은 목소리, 기류, 혀 부위의 움직임 등이 있다.

분석을 단순화하기 위해 2단계까지 분류했을 때, 기존 과학기술을 신체 부위의 상호작용 방식과 매치시킬 수 있다. 가령 애플 핸드폰의 터치스크린은 인간-손-터치 방식에 속한다. 주변에서 흔히 볼 수 있는 자동차 운전은 손과 발의 동작을 조합한 것이다. 최근에는 하버드대학교를 포함한 여러 연구 기관에서 뇌파를 이용해 무인기를 조종하는 인간-뇌-뇌파 제어 기술인 블랙 테크놀로지를 연구하고 있다.

구조화 분석을 할 때는 MECE 원칙에 따라 기존 인지의 한계를 넘어서 과거, 현재, 미래의 모든 가능한 솔루션까지 다 분석에 포함해야 한다. 최근 뇌과학이 발전하면서 연구자들은 인간과 컴퓨터

간 상호작용에 뇌를 활용하는 방법을 밝히고 있다. 앞으로도 이러한 기술들은 연구의 대상이 될 것이다. 이미 뇌파를 이용해 무인기를 조종하는 블랙 테크놀로지가 실현되고 있으니 이제 마음만 먹으면 현실로 이뤄지는 기술이 나올 날도 멀지 않았다.

이번에는 완전히 새로운 신체 부위를 살펴보겠다. 발가락은 개발 잠재력이 많은 부위다. 발은 인간과 기계 간 상호작용 부위로 오래전부터 사용되고 있으나 운전할 때 브레이크를 밟는 등 비교적 큰 기계를 조작하는 데 국한됐다. 발가락의 유연성은 손가락에 비해 떨어지지만 세밀한 동작을 할 수 있는 잠재력은 여전히 남아 있다. 클릭, 상하 스크롤 등 마우스 기본 조작은 발가락으로도 가능하다.

이 구상을 토대로 더 연구하면 혁신적인 제품을 만들 수도 있다. 이것을 '마우스 신발'이라고 불러보겠다. 마우스 신발을 신고 발가락으로 누르거나 굴리는 등 특정 동작을 하면 이를 신호로 삼아 사물인터넷IoT 센서가 지시를 수집하고 무선으로 전달해 기계를 조작할 수 있는 것이다. 이런 장면을 상상해보라. A씨는 출근 시간에 지하철 인파 속에서 질식할 지경이다. 왼손은 옆에 선 승객들 사이에 끼어서 움직이지 못하지만 자유로운 오른손으로는 핸드폰을 들고 온라인 뉴스를 읽고 쇼핑 사이트를 둘러본다. 오른손으로는 핸드폰을 들고만 있는데, 화면이 신기하게도 상하좌우 자유자재로 움직이고 점프한다. 알고 보니 A씨는 새로 출시한 마우스 신발을 신고 발가락을 움직여 핸드폰을 조작하는 중이었다. 사람들

사이에 끼어 움직이지 못하는 다른 승객들은 그런 그를 부러운 눈길로 바라본다.

이런 식으로 논리적 사고는 핵심 연구개발에 창의적인 영감과 아이디어를 제공하며, 제품의 활용성을 예측할 수 있게 돕는다. 인류가 돌연변이를 일으켜 기기 조작에 편리한 또 다른 인체 기관이 생기지 않는 한, 10년 전이나 지금이나, 그리고 10년 후나 인간과 기계 간 상호작용 방식에 관한 논리적 분석 결과는 비슷할 것이다. 미국의 유명한 소설가 윌리엄 깁슨의 명언을 되새겨보자. "미래는 이미 와 있다. 단지 널리 퍼져 있지 않을 뿐이다."

원칙 4:
가설을 전제로 한다

가설은 근거가 있는 추측이다. 가설을 전제로 한다는 것은 의사 결정 과정에서 기존의 제한된 데이터에 근거하여 먼저 문제의 원인 이나 해결법에 대한 가설을 제기하고, 이를 표적으로 충분한 데이 터를 수집해 진위를 가리는 것이다. 수집한 데이터가 기존의 초기 가설을 완전히 지지할 수 없다면 즉시 가설을 조정하거나 새로운 가설을 제시하고 데이터를 다시 수집하여 검증해야 한다. 가설에 서 검증까지 하나의 사이클을 형성하게 되는데, 가설이 데이터를 통해 입증되고 통찰의 결과를 얻을 때까지 이 과정을 반복한다.

과감한 가설과 세밀한 증명은 현대 과학의 원칙이기도 하다. 이 어서 소개할 새로운 맥킨지 5단계 기법 중 매우 중요한 두 단계가

'가설 제기'와 '가설 검증'이다. 구조화 전략 분석은 바로 이 두 단계를 반복 순환하며 깊이 들어가는 것이다. 관련 내용은 뒤에서 자세히 소개하겠다.

가설을 전제로 하는 것은 구조화 전략 사고법의 핵심 원칙으로, 우리에게 익숙한 경험 기반의 상향식 방법론과는 큰 차이가 있다. 일반적인 업무 방식과는 다르기 때문에 조직에서 실용화할 때에는 내부에 상응하는 시스템을 세워 지원해야 하며, 핵심 경영층부터 장기간 지속적으로 지지하고 활용해야 한다. 기업 차원의 지원은 '조직', '프로세스', '문화' 세 가지 측면에서 이루어져야 한다. 조직이란 프로젝트에서 수평적인 의사결정 구조와 소수 정예의 팀 구성을 유지해야 한다는 의미다. 프로젝트 팀의 인원수는 너무 많지 않아야 한다. 컨설팅 기업에서 전략 프로젝트에 3~5명의 인원을 한 팀으로 구성하는 방식을 참고해볼 수 있다. 팀원들이 브레인스토밍에 참여할 때, 특히 가설 제시 단계에서는 모든 사람이 평등하게 참여할 수 있는 분위기를 조성해야 한다.

프로세스와 관련해서는 가설 제기에서 검증까지 폐쇄 순환 시스템을 형성하여 모든 가설에 대해 지정한 책임자가 검증하고 즉시 피드백하는 과정을 확보해야 한다. 새로운 가설이 형성된 후에는 내부에서 실시간으로 소통해야 한다. 또한 인센티브 체제를 구축하여 참여를 장려하고 브레인스토밍에서 두드러진 공헌을 한 구성원에 대해서는 포상을 해줘야 한다.

마지막으로 사람보다는 사안 자체로 판단하는 기업문화를 형성해야 한다. 평등의 원칙을 기반으로 사람과 그 사람이 제시한 의견을 분리하며, 토론할 때는 데이터와 논리에만 집중하고 개인의 자존심이나 사적 관계를 결부하지 않아야 한다. 그리고 구성원들끼리 통일된 용어와 개념을 사용하도록 내부 의사소통 방식을 규범화하는 것이 좋다. "당신의 관점은 숫자로 된 근거가 부족하다", "이런 논거는 MECE 원칙에 맞지 않는다" 등 서로 같은 원칙과 개념을 공유하여 소통해야 한다.

조직, 프로세스, 문화 측면에서 가설을 전제로 하는 원칙은 기업 경영층의 전폭적인 지지가 필요하며, 장시간 축적되고 지속되어야 한다. 위계질서가 삼엄한 조직에서는 직함이나 지식의 권위, 계파와 자존심 같은 다양한 요소들이 개입하여 원칙을 추진하는 데 걸림돌이 된다. 예를 들어 CEO가 제시한 가설은 검증할 필요도 없이 기업의 장기 전략이 되지만 같은 아이디어라도 일반 사원이 제시하면 경시하거나 심지어 조롱하기까지 한다.

조직 내부 구성원들의 사고 능력이 향상하면 조직 전체의 과학적인 의사결정 능력이 강화된다. 가설을 전제로 하는 원칙을 활용할 때는 개인의 취향과 성향을 최대한 멀리하고 객관적이고 공정하게 가설 검증을 진행해야 한다. "일단 가설이 오류로 증명되면 아무리 그 가설을 좋아해도 포기할 수 있다"라고 한 찰스 다윈의 말이 이를 설명한다. 기업 경영진이 이런 태도로 임한다면 과학적이고 논리적인 의사결정과 경영을 시작할 수 있을 것이다.

지금까지 살펴본 논리적 사고의 4대 원칙은 특정 업계에만 적용되는 기술이나 방법이 아니다. 구조화 전략 사고를 일상생활과 업무에 활용하기 위한 원리다. 동시에 4대 원칙은 숫자와 논리를 강조하고 과감한 가설과 자세한 검증을 장려하는 현대 과학과도 유사하다. 우주 과학을 예로 들면 최초의 우주관은 관찰로 형성된 각종 가설에 의존하는 게 고작이었다. 2천여 년 전 아리스토텔레스가 주장한 지구중심설, 16세기 코페르니쿠스의 태양중심설에서 케플러의 타원궤도의 법칙에 이르기까지 이 가설들은 모두 완벽한 검증을 거친 것은 아니었다. 근현대에 들어와서야 숫자와 논리, 실험과 연구를 통해 가설을 반복 검증하고 새로운 가설을 제시하는 탐색의 과정을 거쳐서 뉴턴의 만유인력설, 아인슈타인의 상대성이론, 그리고 그 후 빅뱅우주론과 같은 이론을 정립하게 됐다.

PART 2

활용편

4장

새로운 맥킨지
5단계 기법

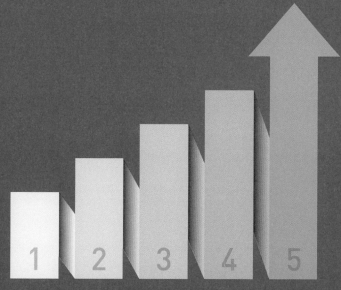

LOGICAL THINKING 5 STEP

논리적 사고를
실전에서 활용하기 위한 도구

기계가 하는 일을 인간에게 맡기지 말라.

— 영화 〈매트릭스〉

인공지능을 비롯한 과학기술이 발전하면서 점차 기계가 간단한 일부터 복잡한 일까지 인간의 몫을 대신하고 있다. 머지않은 장래에 표준화할 수 있는 산업, 이른바 정확한 답이 정해진 일들은 모두 기계가 대체할지도 모른다. 그러므로 우리는 더 복잡하고 도전적이며 창의력이 필요한, 인간만이 할 수 있는 일에 집중해야 할 것이다.

인공지능 프로그램이 끊임없이 발전하는 것처럼 우리도 자신을 빠르게 업그레이드해 시대 변화에 적응해야 한다. 2부에서는 '새로운 맥킨지 5단계 기법'을 중심으로 구조화 전략 사고의 활용법에 대해 풀어나갈 것이다. 논리적 사고법을 체계적으로 마스터한 후, 꾸준한 연습과 훈련으로 자신을 업그레이드해 시대를 이끌어가길 바란다.

⫶ 5단계 기법의 특징

맥킨지에서 컨설팅 업무 경험을 쌓은 많은 맥킨지 출신 저자들은 자신의 실무 경험을 바탕으로 각종 실용적 방법을 책으로 엮었다. 유명한 서적으로는 맥킨지 컨설턴트 에단 라지엘이 발표한 《맥킨지는 일하는 방식이 다르다》가 있다. 이 책은 사고방식과 업무 방법의 변화를 사고, 업무, 보고 3단계로 나눠 집중적으로 설명한다. 맥킨지 컨설턴트 출신 바바라 민토의 《논리의 기술》은 분석형 보고서 작성 방법을 주로 다룬다. 맥킨지 내부의 맥킨지 아카데미McKinsey Academy에서는 문제의 분해와 해결을 위한 7단계 법칙을 제시한다. 7단계 법칙은 문제 설명, 문제 분해, 문제 계획, 정보 정리, 분석과 논증, 제안 제시, 솔루션 제출이다.

이 책에서 제안하는 새로운 맥킨지 5단계 기법은 위의 프레임워크와 같은 뿌리에서 비롯됐다. 새로운 맥킨지 5단계 기법은 맥킨지식 문제 해결 기법을 적절히 조정하여 전략 프로젝트관리와 실시

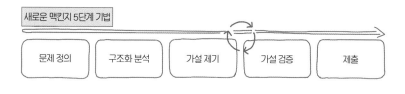

의 관점에서 엔드 투 엔드end-to-end 솔루션을 제공하는 도구다. 일반적으로 기업전략 문제에는 기업 발전 전략, 신제품 전략, 확장 전략, 시장 진출 전략 등이 있는데, 맥킨지는 어떤 문제든 이를 하나의 전략 프로젝트로 간주한다. 즉, 맥킨지 컨설턴트의 주요 업무는 전략 프로젝트 문제를 해결하는 것이다. 5단계 기법은 프로젝트를 진행하는 누구에게나 배우고 활용할 만한 가치가 있다.

맥킨지에서는 프로젝트를 해결할 때 대부분 3~5명의 컨설턴트들이 팀이 되어 8~10주 내에 컨설팅을 완료한다. 프로젝트 팀장Engagement Manager, EM이 2~3명의 팀원을 이끌며, 경영 파트너 등급의 컨설턴트 한 명이 프로젝트 방향과 진도를 확인하고, 고객 고위층과 상호 소통을 지휘한다. 팀원들은 프로젝트 관련 업무에 뛰어난 전문 경험이 있으며, 필요에 따라 회사가 내부 또는 외부 전문가를 보내 전문 지식을 지원한다. 새로운 맥킨지 5단계 기법은 프로젝트관리의 관점에서 프로젝트 첫 단계부터 최종 제출까지 5개의 핵심 단계를 정리한 것이다. 5단계 기법은 문제 정의, 구조화 분석, 가설 제기, 가설 검증, 제출로 구성된다.

5단계 기법의 실천 과정에서는 앞서 살펴본 차원 분류하기와 논리적 사고 4대 원칙이 전반적으로 활용된다. 그중 문제 정의, 구조화 분석 단계에서는 MECE 원칙에 따라 분류 및 심층 분석을 하는 과정이 포함된다. 세 번째 단계인 가설 제시는 4대 원칙 중 '가설을 전제로 한다'와 궤를 같이 한다. 네 번째 단계인 가설 검증은 '숫자가 나타내는 사실에 근거한다', '표상보다 통찰을 우선시한다'와 밀접하다. 다섯 번째 단계인 제출은 효율적인 비즈니스 의사소통이 중요한 단계로, 이 부분에서 각종 비즈니스 의사소통의 원칙과 기술을 집중적으로 소개하겠다.

8~10주의 전략 프로젝트 기간 중 첫 주의 핵심 업무는 1~2단계, 즉 문제 정의와 구조화 분석이다. 팀은 이 분석 결과에 근거하여 전략 프로젝트의 초기 가설을 제시하고, 남은 시간 동안 가설 제시와 검증이라는 순환 과정을 반복해 결과를 도출한다. 모든 것이 순조롭게 진행되었다면 프로젝트의 마지막 주에 최종 성과를 정리하여 솔루션을 제출한다.

5장

1단계: 문제 정의

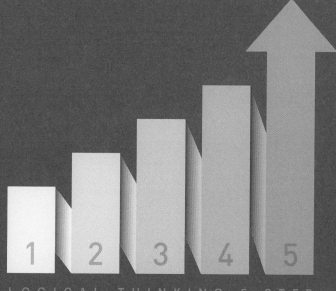

1 2 3 4 5

LOGICAL THINKING 5 STEP

올바른 문제 정의가
시작이다

문제 정의는 말 그대로 문제의 뜻과 한계를 명확히 하고 '우리는 지금 무슨 문제를 해결하고 있는가'라는 질문에 답하는 것이다. 이는 모든 문제 해결 방법론의 첫걸음이자 가장 중요하면서도 어려운 시작이다. 문제를 분명하게 정의할 수 있다면 진정한 해결 방안을 찾는 것도 그렇게 어렵지 않다.

사람들은 까다로운 문제에 봉착하면 급한 마음에 눈앞의 문제부터 해결하려고 한다. 문제를 정의하고 분석, 검증하는 단계는 시간이 없다는 이유로 건너뛰곤 한다. 그러나 문제 정의는 문제 해결의 근본적인 방향성을 제시하는 중요한 단계다. 문제 정의에 오류가 생기면 다른 단계에도 오류가 생기며 결국 동문서답식의 엉뚱

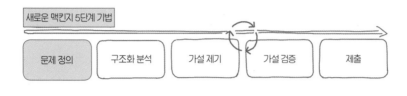

한 답을 내놓게 된다. 문제를 정의하는 것은 경험에 의존하는 전문 가적 사고와는 다른 전략적 사고로, 비판적 사고자들의 두드러진 특성이기도 하다. 다음에 소개하는 예시를 보면 두 사고방식의 차 이점을 한눈에 구별할 수 있을 것이다.

예시: 못 박기 이야기

나무 판자에 못 하나를 박는 간단한 일을 의뢰하려는 고객이 있다. 고객은 D사와 M사를 찾아 각자의 솔루션을 들어보기로 했다. D사는 업계에서 유명한 전문 컨설팅 회사로, 못 박기 전문 가들을 많이 보유하고 있다. D사의 영업 담당 대표는 못과 판자를 자세히 관찰한 후 곧바로 주제로 돌입했다. 그는 호기롭게 말했다. "이 문제라면 가볍게 해결해드리겠습니다. 우리 D사야말로 이런 프로젝트를 위해 설립된 기업이거든요!"

영업 담당 대표는 '왜 우리를 선택해야 하는가'부터 시작해 설명 을 전개했다. "우리 D사는 세계적인 기술을 채택해 못 박기를 진행 하며, 세계에서 가장 재질이 단단한 못을 보유하고 있습니다. 역학 원리에 부합한 완벽한 운동 궤적을 따라 움직이기 때문에 우리는 가장 빠른 속도로 힘들이지 않고 한 번에 못을 박을 수 있습니다." 솔루션을 제시하는 마지막 단계에서 영업 대표는 D사에서 과거에 100회 연속 못 박기를 성공했다는 사례를 전달했다. 그러고는 목소리를 낮춰 넌지시 말했다. "단골 고객에게는 할인도 해드립니다." 고객은 연신 고개를 끄덕였다. 고객은 D사의 솔루션이 기존 데이터를 기반으로 문제를 바로 해결할 수 있으며, 가격 면에서도 혜택이 있어 합리적이라고 생각했다.

이번에는 M사 차례였다. 전략 건설팅 기업인 M사는 영업 담당 대표가 아닌 젊은 컨설팅 팀장이 등장했다. 그는 못은 쳐다보지도 않고 질문부터 했다. "우리가 이 못을 박아야 하는 이유가 무엇입니까?" 그 말에 자리에 있던 사람들은 경악했다. 고객이 왕으로 대접받는 시대에 감히 누가 고객의 생각에 의문을 제기할 수 있단 말인가! 그러나 M사의 팀장은 화려한 배경의 소유자로 업계에서 권위를 인정받는 인물이었다. 고객은 그의 질문에 이렇게 대답했다.

"판자 A와 판자 B를 연결하려고 합니다."

M사의 팀장이 또 물었다.

"그걸 왜 연결하려고 하죠?"

"의자를 만들려고요."

"의자는 만들어서 뭐 하시려고요?"

이어지는 질문에 고객은 약간 짜증을 섞어 대답했다.

"새로 마련하는 회의실에 손님용 의자로 쓰려고 해요."

M사의 컨설팅 팀장은 이쯤에서 질문을 멈추고 잠시 생각에 잠겼다. 그는 연속 세 번 "왜?"라는 질문을 던져 고객이 못을 박는 진정한 이유와 목적을 알아냈다. 고객의 최종 목적은 판자를 연결하는 것이 아니고 의자를 만드는 것도 아니며, '회의실에 손님을 맞이하기 위해 어떤 하드웨어 서비스를 마련해야 하는가'라는 문제를 해결하는 것이다.

그 후 M사의 팀장과 고객은 계속해서 대화를 이어갔다. 대화는 모두 고객사의 이미지와 핵심 능력, 비탄력적 수요가 무엇인지를 중심으로 진행됐다. 손님이 회의실에 있을 때 쾌적함을 느낄 수 있는 요소는 몇 가지가 있을까? 문화, 안락함, 의전을 받는 기분, 간편함 등 직접적인 요소일까 아니면 화려함을 추구하는 심리적 만족감일까? 회의실 하드웨어에 대한 손님의 요구는 무엇일까?

수요에 관한 1차 논의를 마친 후 M사의 팀장은 글로벌한 시각으로 문제를 바라보고 솔루션을 제안했다. 회의실에서 앉을 때 사용하는 가구나 물건에는 의자 외에도 많은 선택지가 있다. 일본식 다다미, 한국의 방석, 이누이트족이 바닥에 까는 동물 가죽, 서양의 엔틱 가구나 현대의 간이 소파 등이 있으며, 중국식 전통 목제 의자도 있다. 시간이 허락한다면 M사의 팀장은 미래 트렌드에 관해서도 얘기할 것이다. 물론 이는 가설에 불과하기 때문에 M사 측은 고객의 수요를 진정으로 알아보기 위해 하나의 전략 프로젝트를 제안한다. 자신감이 넘쳤던 고객은 M사 측의 설명을 들은 후 당황하는 기색이 역력했다. 그는 못 박기라는 행동 뒤에 숨은 진정한 핵심 문제를 인식하고는 깊은 생각에 잠겼다.

　못 박기 이야기를 통해 우리는 전문가적 사고와 전략적 사고가 어떤 차이가 있는지 발견할 수 있다. 전략적 사고는 전체 관점에서 문제를 정확히 파악하며, '어떻게 실시하는가'보다는 '어떤 문제를 왜 해결하는가'에 중점을 두고 있다. 전문가 사고는 어떤 문제를 왜 해결하는가를 이미 안다고 간주하여, 구체적인 실시 방법과 성과 도출에 치중하는 경향이 있다. 그래서 "어떤 방법을 사용해 어떤 속도와 가격으로 정해진 시간 내에 못을 박는다"라는 논의가 주를 이룬다. 프로젝트 초기에 전략적 사고는 수요 측의 논리를 중시하지만 전문가 사고는 과거의 경험, 전문성과 최적의 솔루션을 매우 중시한다. 그러나 두 사고방식 중 어느 것이 맞고 틀리다고 할 수는 없으며, 상황에 따라 특정 방식이 우위를 차지하게 된다. 전략적 사고는 시행에 앞서 디테일한 부분보다는 일단 전체적인 국면을 고려하고 수요의 관점에서 문제 자체를 정의하는 사고방식이다. 전문가 사고는 '전문적인 사람이 전문적인 일을 한다'는 관점으로 문제를 보며, 과거 경험에 의지하여 해결책을 실행에 옮기는 것에 더 초점이 맞춰져 있다.

　전략적 사고는 어떤 가치가 있을까? 이 이야기에서 고객이 만들려는 의자는 세계 500대 기업이 연구개발 중인 차세대 신제품을 상징한다. 만약 신제품 전략 방향이 어긋날 경우 기업은 거대한 자원을 낭비하고 시장 기회라는 소중한 창구까지 잃게 될 것이다. 전략적 사고의 가치는 신제품을 양산하기 전에(심지어 설계 단계에서) 핵심 문제를 제시하여 의사결정자가 고객의 비탄력적 수요라는 관점에서 다시 생각하고 문제를 정의하도록 인도하는 데 있다. 이를 통해 시장에서 인정받지 못할 제품을 생산하느라 낭비할 수억 내지 수십 억에 달하는 손실을 막을 수 있다.

경영진으로 하여금 제품전략 논리를 재탐색하여 제품 중심에서 수요 중심으로 회귀하도록 하는 것도 큰 의미가 있다. 제품 중심 논리는 성공한 대기업에서 비교적 흔히 볼 수 있는 논리다. 의사결정이 지나치게 제품 경쟁력에 의존하기 때문에 단순히 제품 자체만 생각하고 수요 위주의 논리를 간과하기 쉽다. "우리 회사 제품은 각종 우위를 갖추고 있으므로 반드시 시장에서 호평을 받을 것이다"와 같은 생각은 명백한 제품 중심 논리다. 사례에서 M사 팀장의 "왜?"라는 질문은 기업이 자신의 제품을 수요의 관점에서 다시 볼 수 있도록 초점을 옮겨준 것이다.

크게 성공한 기업은 한때 찬란했던 역대 성장률에 강한 향수를 가지고 있다. 그러나 시장이 변화하면서 과거의 성공 경험과 사고 패턴이 오히려 기업이 새로운 수요에 대응하는 데 방해가 될 수 있다. 수요 중심이 아닌 제품 중심 사고가 주류를 차지하면 제품전략 방향에 오차가 생기기 쉽고, 기존 논리에 지나치게 편중되어 새로운 수요를 간과하게 된다. 이때 전략적 사고는 전체적인 관점에서 수요와 시장을 고려해 논리를 즉시 조정하도록 돕는다.

문제를
제대로 정의하는 방법

　문제를 정확히 정의했는지 여부는 어떻게 판단할 수 있을까? 가장 직접적인 기준은 핵심 문제들을 완전히 해결하여 후속 문제를 남기지 않는 것이다. 문제를 정확히 정의하면 문제의 원인을 근본적으로 개선하는 해결법을 도출할 수 있다. 업무를 할 때도 발등의 불부터 끄려는 심리로 당장 문제 해결에 들어가려는 이들이 많은데, 단기적인 해결책 찾기에만 급급하여 진정한 문제를 외면할 경우 하나를 해결하면 다른 문제가 또 불거지는 곤경에 빠지기 쉽다. 방향 선정을 잘못하는 바람에 실수를 거듭하며 아무 성과도 없이 끝나버릴 수도 있다.

　문제 정의 시 상사나 수요자의 참여를 유도하여 피드백을 받는 것 또한 중요하다. 이는 상사와 좋은 관계를 쌓아야 하는 이유이기도 하다. 《하버드 비즈니스 리뷰》에 실린 한 기사 '상향 관리: 상사와 잘 지내는 연습Managing Up—Best Practices for Interacting with Your Boss'에서는 공감대를 빨리 형성할 수 있는 네 가지 방법으로 의사결정자를 토론에 깊이 참여시키기, 의사결정을 구체적 단계로 나누고 초기 임무 수행하기, 신뢰 구축하기, 소통 반복하기를 제안했다. 결정을 망설이는 상사를 만났을 때는 밀어붙이는 태도로 의사결정자의 마음을 움직이라고 나와 있다. 이러한 방법으로 의사결정자와 계속해서 소통하면서 첫 단계인 문제 정의에 도움을 받을 수 있다.

전략 방향성에 관한 질문을 마치고 상사나 수요자의 인정을 받았다면, 이제 문제의 배경, 성공 기준, 문제의 경계, 제약 조건, 중요한 관계자와 동원 가능한 자원, 이 여섯 가지 사항을 자세히 고려해 후속 문제에 충분히 대비해야 한다.

문제 정의 도구(도표 5-2 참조)는 문제의 방향을 확인한 다음 세부적 측면에서 문제 정의의 틀을 더욱 정확히 만들어갈 때 사용한다. 먼저 1단계로 전면적 관점에서 문제의 배경이 무엇인지 파악해야 한다. 시장 수요의 변화, 경쟁사의 모델과 성과, 과학기술 추세나 대체재의 유무 등이 이에 해당한다. 이처럼 문제의 맥락을 연구하면 시사점을 통찰할 수 있으며, 문제를 실제 비즈니스 배경에 대입해서 판단하게 된다. 더 나아가 배경을 파악함으로써 문제 자체를 재정의하기도 한다.

2단계는 문제 해결의 최종 성공 기준을 정하는 것이다. 성공 기

SMART 원칙: 구체적인Specific, 측정 가능한Measurable, 실현 가능한Action-oriented, 관련이 있는Relevant, 기한이 있는Time-bound

① 배경Perspective/context	④ 제약 조건Constraints within solution space
구체적인 배경 정보 수집하기(업계 동향, 업계에서 상대적 위치 등).	솔루션의 제약 조건 명확히 하기(합병 고려 여부 등).

② 성공 기준Criteria for success	⑤ 책임자/관련자Stakeholders
프로젝트의 성공 KPI 명확히 하기. 재무와 비재무 기준 포함 반드시 책임자와 의견 일치 필요.	RACI와 같은 도구를 이용해 책임자 역할 명확히 하기.

③ 경계Scope of solution space	⑥ 자원Key sources of insight
프로젝트에 어떤 것을 포함할지 혹은 포함하지 않을지 프로젝트의 경계 설정하기.	전문가 DB 등 동원 가능한 주요 자원 파악하기.

준은 3년 내 매출액 100% 성장 같은 재무 지표일 수도 있고, 1년 안에 브랜드의 시장 영향력을 동종 업계 3위까지 끌어올리는 재무 외적인 지표일 수도 있다. 측정 가능한 구체적인 검증 기준은 프로젝트를 검수하는 데 유리할 뿐만 아니라, 협업 방향을 정하고 최종 해결의 기반을 다지는 데 중요한 역할을 한다.

3단계는 문제의 경계를 분명히 하는 것이다. 프로젝트를 관리할 때는 범위 관리가 중요하다. 문제 해결 과정에서 조금만 부주의해도 '무분별한 범위 확대Scope Creep'가 일어나기 때문이다. 프로젝트의 범위가 자주 변하면 팀이 집중하기 어렵고 문제 해결 기간이 길어지며, 자원 관리에 공백이 생긴다. 문제의 경계를 분명히 하려면 주요 관계자들과 지속적으로 논의하고 확인하며, 결정된 내용을 기록하고 파일로 보관하는 것이 좋다.

4단계에서는 문제 해결 시 제약 조건이 있는지 분명히 한다. MECE 원칙과 브레인스토밍을 이용하면 누락 없이, 겹치는 사항 없이 잠재적 해결 방안 리스트를 작성할 수 있다. 그러나 현실에서는 모든 가설을 다 수용하기는 어렵기 때문에 문제 해결을 제약하는 요소가 무엇인지를 살펴야 한다. '3년 내 매출액 100% 성장'이라는 문제를 해결하기 위해 기업은 자연적인 성장 외에 인수합병 등의 레버리지를 이용해 수입을 증가시킬 수 있는가? 합병 재무제표 같은 재무 변동을 통해 기존 목표를 빠르게 달성할 수 있는가? 이런 사안들은 모두 문제 정의에서 반드시 짚고 넘어가야 할 제약 조건이다.

5단계에서는 문제 해결의 관련자와 책임자의 역할을 분명히 해야 한다. 복잡한 문제를 해결하려면 팀의 협조와 더불어 외부 역량을 동원해야 할 때도 있다. 이때 프로젝트관리의 고전 격인 책임 매트릭스 'RACI'를 활용해 실무 담당자, 의사결정권자, 조언자, 결과 통보 대상자 네 종류로 나누어 역할을 부여할 수 있다.

6단계에서는 동원할 수 있는 자원을 명확히 해야 한다. 자원은 내부 자원과 외부 자원으로 나뉘는데, 내부 자원은 상대적으로 배정하기는 쉬우나 여러 일이 겹칠 수 있으므로 우선 순위에 따른 제약이 있다. 따라서 문제를 정의할 때 어떤 내부 자원을 주로 사용할 것인지, 일정 기간 동안 그 자원을 독점해서 사용할 수 있는지를 파악한다. 내부 자원 외에 외부 자원도 고려해야 한다. 외부 자원은 전문가, 전문 데이터베이스, 전문 서비스 업체 등이 포함된다. 상호 보완할 수 있는 내부와 외부의 자원을 결합하여 충분히 활용하는 것이 효과적이다.

　지금까지 살펴본 6가지 문제 정의 도구는 '구체적인, 측정 가능한, 실현 가능한, 관련이 있는, 기한이 있는' SMART 원칙을 따라야 한다. 문제의 방향을 정확하게 설정한 후 문제 정의 도구를 사용해 상세한 부분을 체계적으로 정리한다면 다음 단계로 갈 수 있는 단단한 기반을 다지게 될 것이다.

6장

2단계: 구조화 분석

LOGICAL THINKING 5 STEP

논리의 함정을
조심하라

문제를 정의한 다음에는 그 문제에 대한 구조화 분석을 진행해
야 한다. 차원과 분류는 구조화 전략 사고의 핵심 개념으로, 1부에
서 단어와 문제를 분류하는 방법을 상세히 소개했으므로 여기서
는 간단히 되짚어볼 것이다.

도표 6-1 2단계 : 구조화 분석

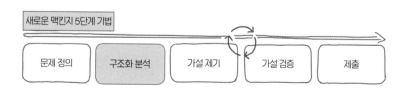

문제 분류법에는 하위 범주 열거법, 공식법, 프로세스법, 논리 모형 접근법 네 가지가 있다. 어떤 문제든 구조화 분석을 할 때 MECE 원칙에 입각해야 한다는 점은 본질적으로 차이가 없다. 논리적 사고 4대 원칙 중 하나인 MECE 원칙을 설명하면서 여러 전략관리 이론과 구조화 분석을 실현한 다차원 그래프를 소개했다.

이러한 분석 과정에서 주의해야 할 점이 있다면 논리의 함정에 빠지지 않는 것이다. 구조화 분석에서 논리는 꼭 필요한 기초 요소이며, 분류를 아무리 잘해도 빈틈없는 논리로 연결하지 못하면 소용이 없다. 논리의 개념과 우리가 흔히 빠지는 논리의 함정이 무엇인지 알아보자.

: 귀납법과 연역법

귀납법과 연역법은 기본적인 추론 방법이다. 귀납법은 개별 사실에서 일반 원리를 추론하고 개괄하는 것이다. 연역법은 일반 원리를 가설하고 거기서 구체적인 결론을 추론하는 것이다. 정의를 보면 귀납법과 연역법이 정반대 방향의 추리법 같지만, 사실 이 두 방법은 상호 의존적 관계이자 서로를 촉진하는 관계다(도표 6-2 참조). 귀납법은 통상적으로 연역법의 기초가 된다. 연역법의 출발점인 일반 원리는 때때로 귀납법을 통해 도출된 것이다. 또한 연역법은 귀납법의 전제이며 귀납법에 이론적 근거와 논증을 제공한다.

도표 6-2 귀납법과 연역법의 논리 대비

	귀납법	연역법
방향	아래에서 위로	위에서 아래로
근거	규칙과 추세	사실과 법칙
과정	관찰-규칙-가설-정률	이론-가설-관찰-확인
구조	구체적 사례에서 일반 규칙으로	일반 규칙에서 구체적 사례로

　귀납법과 연역법의 대표적인 예시는 다음과 같다. 한 마을에서 사람들이 처음 본 까마귀는 검은색이고, 두 번째로 본 까마귀도 검은색이었다. N번째로 본 까마귀 역시 검은색이었다. 후에도 다른 색의 까마귀는 본 적이 없었다. 따라서 그들은 까마귀가 검은색이라고 결론을 내렸다. 이것이 귀납법이다. 그런데 반대로 그들이 '세상의 까마귀는 일반적으로 검은색이다'라는 가설을 서로 공유했다고 치자. 이 법칙을 배운 후 길에서 까마귀를 보면 보지 않고도 이들은 까마귀가 검은색이라고 추론할 것이다. 이것이 연역법이다.

　귀납법은 엄밀한 과학적 논리는 아니다. 이해력이 뛰어난 청중을 상대로 모두가 공인하여 이의가 생길 수 없는 주제를 다루는 경우가 대부분이다. 제2차 세계대전에 대해 이야기해보면, '독일군이 프랑스 노르망디에서 집결했다', '영국군이 노르망디 해협 건너편에 당도했다', '미군도 노르망디에 도착했다' 이 세 가지 사례에서 '노르망디 전투가 곧 시작될 것이다'라는 결론을 내릴 수 있다. 청중은 이미 노르망디 상륙이 제2차 세계대전의 유명한 전투라는 사실을 알고 있으며, 귀납적 논리에도 문제가 없으므로 이 말에 반대하는 사람이 거의 없을 것이다.

그러나 귀납법은 논리에 허점이 발생하기 쉽다. 우리는 모든 사례를 다 관찰할 수는 없다. 그렇기에 귀납법은 일부 사례들을 선택적으로 나열함으로써 사실을 오도하는 도구가 될 수 있다. 만약 한 주식이 지난 1년간 주가가 상승하는 날과 하락하는 날이 비슷하게 지속되어 종합 실적이 저조한데, 애널리스트가 주가가 상승한 부분만 선택해 나열한다면, 주가 상승 추세를 꾸며낼 수 있다. 이처럼 한 측면만 강조하여 논리를 왜곡하는 일이 현실에서 드물지 않게 발생한다. 그러나 연역법은 위에서 아래로 향하며 보편 진리에서 개별 사실을 추리해내는 방법으로, 귀납법에 비해 치밀하고 과학적이다. 연역 논리의 기본 공식과 그 예를 알아보자.

예시

- 긍정논법MP: 까마귀는 전부 검은색이다. 이 새는 까마귀다. 따라서 이 새는 검은색이다.

- 부정논법MT: 까마귀는 전부 검은색이다. 이 새는 검은색이 아니다. 따라서 이 새는 까마귀가 아니다.

도표 6-3 연역 논리의 기본 공식

긍정논법	부정논법
만약 P이면 Q이다 P이다 따라서 Q이다	만약 P이면 Q이다 Q가 아니다 따라서 P가 아니다

두 가지 논법을 기반으로 여러 다양한 규칙이 만들어질 수 있다. 예를 들어 긍정논법MP에 연결 고리 하나를 추가하면 가언적 삼단 논법MMP이 된다(도표 6-4 참조).

귀납법은 방법론 자체로 인해 허점이 생길 가능성이 있다면, 연역법은 추론 방식 자체가 아니라 적용 과정에서 허점이 발생할 가능성이 있다. '까마귀는 모두 검은색이다. 이 새는 검은색이다. 따라서 이 새는 까마귀다'라는 추론은 전형적인 긍정논법의 오류다. '만약 P이면 Q다. P다. 따라서 Q다'의 긍정논법 공식에서 Q와 P의 위치가 반대로 적용되었기 때문이다.

통상적으로 비즈니스 논리는 귀납법으로 가설을 생성한 다음 과학적으로 자세히 검증하는 방식으로 추론한다. 가설이 검증되어 공식 논리로 성립되어야 연역법으로 개별 사례에 대한 판단을 도출할 수 있다. 귀납법으로 결론을 종합하는 데 능숙한 사람들도 있다. 그러나 귀납법만으로는 부족하다. 과학적 원칙으로 검증을 반복하고 실험을 거쳐야 논리의 기초가 든든해진다.

도표 6-4 가언적 삼단논법 공식

가언적 삼단논법
만약 P이면 Q이다 만약 Q이면 R이다 P는 따라서 R이다

∶ 상관관계와 인과관계

사람들이 왜 이런 정보에 흥미를 갖는지 알면 유용할 수 있다. 그러
나 지금은 이 문제보다 클릭 수를 올릴 수 있는 게 무엇인지를 알아
야 한다.

— 빅토어 마이어 쇤베르거, 《빅데이터가 만드는 세상》

논리 추론 과정에서 많은 이들이 상관관계correlation와 인과관계
causation를 혼용하곤 하는데, 여기서 수많은 오류가 발생한다. 두
개념의 정의와 용도 및 한계점을 자세히 알아보자. 어떤 사건이 일
어난 순간, 반드시 거기에는 어떤 '관계'가 만들어진다. 직접적이든
간접적이든 관련성이 있다면 두 요소에 상관관계가 있다고 이야기
할 수 있다.

상관관계는 불확실성을 내포하고 있는 반면, 인과관계는 원인이
존재하면 반드시 어떤 결과가 발생한다는 의미로 관계성이 더 확
실하다. 상관관계는 하나의 변수가 변화하면 다른 변수도 따라서
변화한다는 통계학 개념에서 나왔다. 그러나 이때 한 변수 변화가
다른 변수 변화의 원인인지는 확실하지 않다. 예를 들어 태풍과 비
는 동반되는 경우가 많다. 둘 사이에는 강력한 상관관계가 존재하
나, 한쪽이 다른 한쪽의 발생을 초래했다고 확신할 수 없기 때문에
인과관계가 존재하는지는 불확실하다.

상관관계는 비즈니스에 어떻게 활용되는가

빅데이터와 AI가 어디에나 존재하는 오늘날, 데이터 과학자들은 계속해서 상관관계에 관한 새로운 발견을 해왔다. 특히 최근 수십 년 동안 상관관계는 빅데이터 계산의 핵심 알고리즘으로 마케팅 등의 비즈니스 현장에서 널리 쓰이고 있다. 빅데이터 연구 분야의 권위자 빅토어 마이어 쇤베르거의 말이 이를 설명해준다. "사람들이 왜 이런 정보에 흥미를 갖는지(인과성) 알면 유용할 수 있다. 그러나 지금은 이 문제보다 클릭 수를 올릴 수 있는 게 무엇인지(상관성)를 알아야 한다." 인과관계를 고려하지 않고도 빅데이터 분석으로 데이터 포인트의 상관성과 규칙을 파악하여 구매 행위를 예측 분석할 수 있다.

21세기 초 미국의 전자상거래 기업 아마존이 인간의 뇌와 컴퓨터 알고리즘의 기념비적인 대결을 주최했다. 오늘날 온라인서점에 없어서는 안 되는 도구인 도서 추천 기능은 디지털 알고리즘으로 자동화됐지만 2000년대만 해도 편집 팀이 일일이 노력을 들여 관련 도서를 판단하고 추천해줘야 했다. 상관성 데이터 예측 프로그램이 탄생하고 얼마 후 아마존은 편집 팀과 컴퓨터 프로그램을 경쟁하게 했다. 6개월 만에 나온 결과는 사람들의 예상을 뒤엎었다. 아직 초기 수준이고 데이터 수정을 많이 거치지 않은 분석 프로그램이 자신만만했던 아마존 편집 팀을 완전히 이긴 것이다.

상관관계를 말해주는 또 하나의 사례가 있다. 미국의 대형 유통 업체 타깃Target은 소비자 구매 데이터를 이용해 여성 소비자의 임신 상태를 판단하고 육아용품 광고물을 보내는 등 핀셋 마케팅을 펼쳤다. 그런데 추천 대상 소비자 중에 미성년 여성이 포함됐고, 딸의 임신 사실을 모르고 있었던 부모는 마케팅 수단을 남용해 미성년인 딸에게 피해를 끼쳤다는 이유로 타깃을 고소했다. 물론 나중에 딸의 임신 사실이 밝혀졌지만, 이 사건은 빅데이터 핀셋 마케팅의 드라마틱한 홍보 사례로 회자됐다.

기업 입장에서 상관관계를 분석하는 빅데이터 알고리즘은 결코 어려운 하이테크 기술이 아니다. 타깃 사는 회원카드 시스템에 대다수 소비자의 구매 정보가 기록되어 있어 이 데이터로 소비자의 구매 습관을 분석할 수 있었다. 여성 소비자가 소비 습관을 갑자기 바꿔서 새로운 소비 행위를 시작한 것을 감지한 경우, 가령 갑자기 무향 바디로션이나 칼슘, 마그네슘, 아연 등 영양제를 구입하고 육아 관련 도서나 잡지를 구매하거나, 아기 선물 리스트 등을 등록하는 경우, 업체의 내부 고객관계관리CRM 시스템에 있는 이른바 '임신 예측 지수'가 올라간다. 지수가 설정한 기준에 도달하면 기업은 해당 소비자를 별도로 분류하고 각 임신 단계별 판촉을 진행한다. 20여 종에 달하는 임신 관련 제품 카탈로그와 샘플을 한 번에 보내기도 한다.

5G와 사물인터넷 기술의 발달로 알고리즘 속도가 빨라지고 원가가 절감되면서 상관관계가 비즈니스에 활용되는 속도나 보급율과 정확도가 높아졌다. 업체들은 인과관계에 집착할 필요 없이 상관관계만으로 대다수 마케팅 수요를 예측할 수 있다. 미국 유통 업

계 관리자들은 슈퍼볼Super Bowl 미식축구 결승전이 열리는 기간에 맥주와 일회용 기저귀가 많이 팔리는 것에서 착안하여 두 종류의 상품을 입구에 나란히 진열해 판매량을 올렸다. 태풍이 임박하면 각종 쿠키가 잘 팔린다는 데이터를 참고해 충분한 양을 확보해둔 사례도 있다. 여러 기업에서 아예 빅데이터 전문가를 초빙해 각종 알고리즘으로 데이터를 추출하고, 심층 분석하여 소비자의 다음 구매 행위를 예측함으로써 판매량을 높이고 있다.

인과관계는 엄격하고 까다로운 검증이 필요하다

상관관계에 비해 인과관계의 추론은 상대적으로 복잡하여 상당한 검증이 필요하다. 가장 간단한 인과관계 검증 실험은 네 가지 가능성 매트릭스로 데이터를 수집하는 것이다(도표 6-5 참조)[11].

- 원인 출현, 결과 출현(a개 사례)
- 원인 출현, 결과 미출현(b개 사례)
- 원인 미출현, 결과 출현(c개 사례)
- 원인 미출현, 결과 미출현(d개 사례)

도표 6-5 실험 결과의 네 가지 조합

	결과 출현	결과 미출현
원인 출현	a	b
원인 미출현	c	d

결과에 영향을 미치는 다른 요소 즉, 혼재 변수를 엄격히 배제하고 이 네 개의 데이터를 모두 수집하는 것만으로도 큰 어려움이 따른다. 그러나 인과관계를 정확히 확인하려면 수집한 결과를 아래 수학 공식에 대입해 검증해야 한다.

$$\triangle P = \frac{a}{a+b} - \frac{c}{c+d}$$

$\triangle P$의 값이 0일 때는 상관성이 전혀 없는 것이다. $\triangle P$의 값이 플러스이고 그 값이 클수록(총 실험 횟수 상한선 설정) 상관성이 크다. $\triangle P$의 값이 마이너스면 이 원인에 결과 발생을 억제하는 효과가 있다는 말이다. 공식을 활용해 몇 가지 수치를 분석해보자. 실험을 200회 진행했다고 가정하고, 그중 100회는 원인이 출현했는데, 80회는 기대한 결과가 출현했고 20회는 출현하지 않았다. 나머지 100회의 실험에는 원인이 출현하지 않았는데, 그중 80회는 기대한 결과가 출현했고 20회는 출현하지 않았다.

- 현재 사용한 공식: $\triangle P = \dfrac{80}{80+20} - \dfrac{80}{80+20} = 0$

200회 실험을 통해 이 특정 원인과 결과의 출현은 인과관계가 없음이 밝혀졌다. 이는 예측 관찰한 결과와도 일치한다. 이처럼 다양한 숫자 조합으로 $\triangle P$ 값의 변화를 관찰하고 결괏값에 근거하여 인과관계의 강약 여부를 추산할 수 있다.

하지만 우리가 현실에서 맞닥뜨리는 상황들은 훨씬 복잡하고 원인 요소를 분리하기가 어렵다. 가령 축구 팀의 승리가 팀이나 선수 개인의 능력과 구단 자원 같은 내부 요소 때문인지, 경쟁 팀, 날씨, 운 같은 통제 불가한 외부 요소 덕분인지 파악하기란 쉽지 않다. 그러나 아무리 복잡한 상황이라도 비판적 사고자들은 인과관계를 엄격한 기준으로 판단해야 하며, 남을 따라가는 사고방식을 버려야 한다. 일반적으로 인과관계에 대해 정해놓은 법칙들을 진지하게 관찰하고 데이터와 논리를 동원하여 자신만의 결론을 도출해야 한다.

일어난 다음 깨닫게 되는 인과관계

인과관계는 대부분 어떤 일이 지난 후, 불가역적인 재난의 결과에서 발견하는 경우가 많다. 도도새의 멸종과 카바리아 나무가 바로 이런 사례다. 도도새는 모리셔스에 서식하다가 1681년에 멸종됐다. 모리셔스는 아프리카 마다가스카르에 인접한 섬나라다. 이 섬에는 높이 30미터, 둘레 4미터에 달하는 카바리아 나무가 있는데, 이 나무 역시 이곳에서만 자라는 독특한 종이다. 그런데 도도새가 멸종한 후 전혀 연관이 없어 보였던 카바리아 나무가 멸종 위기에 처했고, 사람들은 둘 사이의 연관성에 주목했다.

20세기에 미국의 동물학자 스탠리 템플Stanley Temple은 카바리아 나무를 몇 개월간 연구한 끝에 놀라운 사실을 발견했다. 카바리아 나무 열매 씨앗이 발아하려면 도도새의 소화기관에서 딱딱한 껍

데기가 부드러워지는 과정이 필요했던 것이다. 그러나 도도새가 사라지면서 씨앗이 발아되지 못해 카바리아 나무의 번식이 불가능해지고 말았다. 따라서 논리적으로는 도도새의 멸종이 카바리아 나무의 멸종 위기를 초래했으며, 이 둘 사이는 인과관계가 성립한다고 할 수 있다. 인류가 도도새를 보호했다면 카바리아 나무는 멸종 위기에 처하지 않았을 것이다.

인과관계와 상관관계를 동일시하는 오류

상관관계를 인과관계로 착각하는 것은 흔히 발생하는 논리의 오류다. 데이터 과학자들이 즐겨 언급하는 '상어의 딸기 사랑' 이야기를 소개한다. 미국 플로리다주 휴양지의 해변에서 발생한 일이다. 이곳에는 매년 상어가 출몰하는데, 때로는 바다에서 수영하는 사람을 공격하고 해쳤다. 데이터 전문가들이 현지에서 상어의 공격 횟수 데이터를 정리하다가 놀라운 규칙을 발견했다. 딸기 맛 아이스크림이 잘 팔리는 날에 상어의 공격 사례가 늘어난 것이다. 그 원인에 대해 의견이 분분했다. 어떤 사람은 바닷속 상어가 딸기를 좋아하기 때문에 딸기 맛 아이스크림을 먹은 사람들이 더 쉽게 공격당했다고 예측했다.

상어가 딸기 맛 때문에 사람을 공격한다는 추론은 황당하기 짝이 없다. 이 추리의 문제점은 과연 어디에 있을까? 이는 상관관계를 인과관계와 혼동한 전형적인 사례다. 날이 더워지면 해변과 바다로 몰려드는 사람들이 늘어날 것이고, 사람이 많으니 딸기 맛 아이스크림의 판매량도 늘어날 것이며, 상어가 사람을 공격하는 횟수도 늘어났을 것이다. 딸기 아이스크림이 잘 팔리는 것과 상어의 습격이 증가한 것은 동시에 발생했지만, 상관관계만 존재할 뿐 인과관계는 없다. 사건은 더운 날씨라는 동일한 원인에 의해 발생한 것이었다.

현실에서도 이런 사례가 많다. 미국의 유명한 경제학자 토머스는 이렇게 말했을 정도다. "통계학 교과서에서 제일 먼저 배우는 것은 인과관계가 아닌 상관관계다. 그러나 이 정률은 언제나 사람들에게 제일 먼저 잊힌다." 집을 나섰다가 까치를 봤는데 잠시 후 1천원을 주웠다는 이유로 까치와 행운을 인과관계로 연결하는 식의 오류는 일상에서 쉽게 볼 수 있다. 확증편향Confirmation Bias과 같은 인지의 오류 때문에 까치와 행운이 인과관계에 있다고 여기는 확신은 점차 강화되고, 그 반대 사건은 간과하게 된다.

인지 과정에서 우리 뇌는 학습 본능에 따라 사건 간의 관련성을 습관적으로 탐구한다. 그런 뇌가 당연한 듯이 인과관계를 꾸며낼 때도 있는데, 이는 빠른 사고가 발현한 결과다. 예를 들어 '진서 아버지가 학부모 회의에 참석했다', '선생님이 늦게 왔다', '진서 아버지는 크게 화를 냈다'라는 세 가지 사건을 인지했을 때, 우리의 뇌는 선생님이 늦게 와서 진서 아버지가 화를 냈다고 인과관계를 연결하기도 한다. 그러나 이런 사건들에 반드시 인과관계가 존재하는 것은 아니다. 진서 아버지는 진서의 성적이 떨어져서 화를 냈을 수도 있다.

미국 야구 팀 시카고 컵스의 팬들 사이에는 '염소의 저주' 이야기가 널리 알려져 있다. 대다수의 시카고 컵스 팬들은 이 저주를 믿었고, 이것이 팀이 수십 년간 우승하지 못한 이유라고 말한다. 사건은 1945년으로 거슬러 올라간다. 시카고 컵스 팀의 골수 팬인 '염소 빌리 호텔' 주인 빌리가 비싼 값을 내고 프로야구 리그 결승전 티켓 두 장을 샀다. 한 장은 자신의 몫이고 한 장은 반려동물인 염소를 위한 것이었다. 결승 라운드 4차전이 진행 중일 때 갑자기 나타난 관리인이 염소 냄새가 고약해서 사람들의 관전을 방해한다는 이유로 둘을 구장에서 쫓아냈다. 화가 난 빌리는 시카고 컵스가 절대 이기지 못할 것이라고 악담을 했고, 공교롭게도 시카고 컵스는 그날 게임에서 패배했다.

여전히 화가 누그러지지 않은 빌리는 시합이 끝난 후 구단 대표에게 전보를 쳤다. "이제 누구 냄새가 더 고약한지 봅시다!" 염소가 아무리 냄새가 고약해도 그 구단보다는 덜할 거라는 뜻이었다. 이 전보 내용은 신문 1면에 실렸고, 그 후 시카고 컵스는 저주에 화답이라도 하듯 몇십 년 동안 단 한 번도 이기지 못하고 패배를 거듭했다. 사람들은 이것이 염소 빌리의 저주 때문이라고 여겼다. 이 저주는 무려 71년이나 지속됐고, 2016년 시카고 컵스 팀이 프로야구 리그 우승을 차지하면서 비로소 끝이 났다.

염소 빌리의 저주는 전형적인 인과관계의 오류다. 저주를 받지 않았음에도 오랫동안 우승을 차지하지 못한 팀은 쉽게 찾아볼 수 있다. 클리블랜드 인디언스는 65년 동안 우승하지 못했으며, 텍사스 레인저스와 휴스턴 애스트로스도 오랫동안 우승과는 인연이 없었다. 그러나 사람들은 저주의 존재를 믿고 싶어한다. 아마도 더 드라마틱하고 생동감 넘치기 때문이 아닐까? 미국의 심리학자 헬레나 매튜트Helena Matute는 그의 논문 〈인과관계의 환각Illusions of Causality〉[12]에서 이렇게 지적했다. "시각적 환상과 같이 인과의 환각은 모든 사람에게서 흔히 발생한다. 과학적 사고 방법은 인과의 환각을 방지하는 최적의 경로다. 그러나 과학적 사고 방법은 본능적 반응이 아니며 습득이 필요한 기법이다." 헬레나 매튜트가 언급한 과학적 사고 방법은 구조화 전략 사고와 결을 같이하며 이성적 사고, 즉 느린 사고에 속한다.

빅데이터 시대에 상관관계가 사람들에게 수익을 늘리고 비용을 낮추는 방법을 제공하는 것은 분명하다. 그러나 상관관계는 상대적으로 안정적이지 않고 쉽게 변한다. 인과관계를 알아야만 사건 발생의 진정한 원인을 찾을 수 있으며, 이에 상응하는 조치를 통해 원인을 촉진하거나 억제하고 기대한 결과에 도달할 수 있다. 도도새 이야기를 통해 인과관계에 대한 무지가 돌이킬 수 없는 재앙을 몰고 온다는 사실을 봤다. 비판적 사고자라면 상관관계의 효과를 인식하되, 단기적 효과와 이익에만 만족하지 말고 복잡한 사건 배후의 인과관계를 밝혀내는 노력도 해야 한다.

문제 분석의
오류 피하기

분류는 매우 중요한 구조화 분석의 기본기다. 먼저 네 가지 문제 분류 방법으로 형태가 다른 여러 로직 트리를 형성하고, 문제와 잠재적인 해결 방안에 대한 인식을 강화한다. 토론 초기에 비판적 사고자는 토론 구조(로직 트리)를 제시하고 기업 경영자는 전문 지식, 실천 경험, 기타 관련 정보를 제시한다. 이슈를 더 깊이 이해하게 되면 프레임 외에 또 다른 인사이트를 제공할 수 있다. 그런데 이때 분류의 한계점과 흔히 범하는 오류들을 인지하고 있어야 실천 과정에서 의식적으로 이를 피할 수 있다.

나는 기업 임원 연수에서 강의를 하면서 한 가지 규칙을 발견했다. 구조화 분석 방법과 MECE 원칙 소개를 마칠 때쯤 수강생들은 흥분을 금치 못하며 각종 문제에 직면하면 반드시 이를 실천하리라 결심한다. 구조화 분석과 문제 분류는 일단 의욕적으로 시도해봐야 한다. 노력하면서 실수도 해봐야 구조화 분석 기법을 제대로 익힐 수 있으며, 그 과정 없이 분류 능력은 절대로 늘지 않을 것이다.

나는 수강생들에게 이렇게 조언한다. "분류는 분명하게 해야 합니다. 전체를 하나의 차원으로 간단히 나누는 오류에 빠지지 않도록 조심해야 합니다." 우리가 차원 분류로 문제를 분해할 때는 문제를 단순화한 후 깊이 파고들 수 있다. 분기점을 따라 계속 나눠가면서 문제를 더욱 깊은 차원으로 파악한다. 그러나 한 곳을 응시할 때 다른 부분은 덜 보이거나 잘 안 보이는 것처럼 차원 분류에도 사각지대가 존재한다. 이 사실을 의식하고 여러 차원으로 분류하는 방법을 통해 사각지대를 최대한 줄여야 한다.

단일 차원으로만 분류하여 간단하게 결론을 도출해버리는 것은 위험천만한 행동이다. 사람이라는 카테고리를 분류한다면 성별에 따라 남자와 여자로 분류할 수 있다. 이때 성별은 단일 차원으로, 이렇게 분류하면 데이터 중 남녀 성별의 특징을 판별할 수 있다. 그러나 성별 차원에만 머물 경우 연령, 직업, 지역 같은 다른 속성은 감춰진다. 고객 성향을 파악할 때 성별이라는 단일 차원에만 의지하면 그 데이터가 아무리 정교해도 도출해낸 결과는 일차원에 국한될 뿐이다. 다른 핵심 차원은 데이터에서 볼 수 없기 때문이다.

앞서 본 핸드폰 업체의 사례에서 핵심 고객이 '2·3선 도시에 사는 젊은 여성'으로 나온 것은 3차원으로 세분한 결과다. 이렇게 정교한 고객 이미지는 다차원 데이터 트래킹과 수집, 분석과 선별을 기반으로 생성된다. 해당 브랜드 마케팅 담당자는 직업, 소득 수준을 비롯한 10여 개의 관련 차원을 수집해 세밀한 데이터 분석을 실시했고, 이를 통해 세 가지 차원을 더 정확히 정리할 수 있었다.

이번에는 분류의 사각지대가 어떤 리스크를 초래하는지 소개하고, 실전에서 융통성을 발휘하는 법을 조금 더 체계적으로 설명할 것이다. 나는 세계 500대 의료 설비 회사의 아시아·태평양 제품전략 프로젝트에 참여한 적이 있다. 고객은 당시 주력 상품인 의료 설비 서비스를 중국 의료기관에 판매할 계획이었기에 중국 시장 진출 전략과 실행 계획에 관한 컨설팅을 의뢰했다. 기업 측 담당자는 아시아·태평양 지역의 최고기술경영자cto였다. 그는 우리에게 중국 의료기관의 10대 과학기술 동향 조사를 요구했고, 4명으로 구성된 우리 컨설팅 팀은 일주일 안에 조사를 마쳐야 했다.

'중국 의료기관의 10대 과학기술 동향'은 문제가 명확하고, 내용도 우리가 해결해야 할 시장 진출 전략과 상관관계가 있었다. 우리 팀은 즉시 브레인스토밍을 시작했다. 문제 정의는 명확하므로 문제 분류에 전력을 집중할 차례였다. 우리는 현장 조사에 나서기 전에 1차 구상을 마치고 고객과 기초적인 방향을 논의해 동의를 받았다. 이어서 아이디어와 조사 방법을 통일하여 현장 조사를 실시하기로 했다.

문제 분류는 언제나 차원을 찾는 것에서 시작된다. 토론을 시작할 때 우리는 먼저 병원을 분류할 차원을 MECE 원칙에 입각하여 나열했다. 지역, 규모, 업무 범위와 같은 차원으로 대도시 vs 중소도시 병원, 단과 전문 vs 종합병원, 대형 vs 중소 병원 등으로 분류했다. 그러나 이런 하위 범주 열거법으로는 문제를 심층적으로 분류하기 어렵다는 점을 발견했다. 세분한 병원들끼리 대부분 유사한 과학기술 동향을 보이고 있어서 이 분류 방식으로는 문제 이해를 더욱 심화시키기 어려웠다. 즉 새로운 세부 차원을 분해하거나 통찰해내지 못한 것이다.

우리는 당장 방법을 바꿔서 과학기술 동향 분석에 더 적절한 프로세스법으로 분류를 진행했다. 환자의 관점에서 병원의 핵심 접점을 분석하는 이 방법을 우리는 '환자 접촉 프로세스'라고 명명했다(도표 6-6 참조). 환자 접촉 프로세스는 환자가 몸이 아파 병원을 찾고 치료받는 각 주요 프로세스를 포함한다. 이 분류법은 먼저 택했던 하위 범주 열거법에 비해 뚜렷한 우위가 있었다. 과학기술 추세라는 주제를 더 깊이 분류할 수 있었고, 새로운 디테일 정보가 속속 드러났다. 전체 구조의 각 프로세스 노드에서 어떤 과학기술이 존재하는지 파악해 추세를 더욱 세밀하고 방향성 있게 토론할 수 있었다. '접수' 과정에서는 전자 의료 차트, 온라인 접수, 전자 순번기 등의 기술을 활용할 수 있으며, '진료' 과정에서는 의사의 모바일 디바이스 앱, 원격 의료, 전자 의료 기록, 보조 진단 시스템 등의 기술을 사용할 것이라는 가설을 추가할 수 있다.

눈치 빠른 독자들은 이런 분류법이 MECE 원칙을 따르지 않

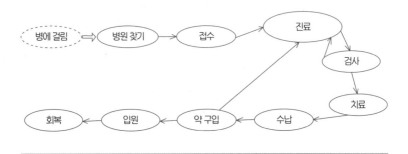

도표 6-6 환자 접촉 프로세스

앞다고 문제를 제기할 것이다. 만약 환자가 치료 중 사망하면 어떻게 할 것인가? 환자의 사망은 이 분류에 포함되지 않았다고 말할 수 있다. 이런 의문이 합리적임을 인정하지 않을 수 없다. 그러나 이 분류의 취지는 조사 연구를 위한 프레임워크를 만드는 것이다. 따라서 집중과 선택을 통해 가장 흔히 일어나는 주요 프로세스를 분석하기로 했다. 사망이라는 가능성은 다음 단계에서 프레임을 좀 더 충실히 보완하면서 추가할 것이다.

주어진 시간이 짧았기 때문에 당시 컨설팅 팀은 환자 접촉 프레임을 구축한 후 리서치 방향과 이 프레임에 관해 고객사 CTO와 대화를 나눴다. 그는 우리의 높은 작업 효율을 일단 칭찬하더니 한층 가라앉은 목소리로 아쉬운 점을 지적했다. 그의 설명에 따르면 의료 설비 외에도 고객사가 보유한 병원 관리 시스템HMS 애플리케이션 제품이 이번 프로젝트에 포함됐는데, 우리가 제시한 프레임에서 병원 관리 시스템이 보이지 않는다는 것이다. 원인을 찾아보니 병원 내부 직원과 IT 관련 직원으로 접근 권한이 제한되어 일반 환자는 이 시스템에 접근할 수 없었다.

단 하나의 특수한 사례 때문에 우리가 택한 프레임워크의 논리가 와르르 무너져버렸다. 우리는 고객사가 필요로 하는 솔루션이 무엇인지 보지 못했으며, 모든 가능성을 포괄한다는 MECE 원칙을 위반했다. 더 결정적인 문제는 환자의 시각으로 조사 연구를 하다 보니 전면성이 부족했고, 결국 중요한 제품인 병원 관리 시스템이 조사 연구 범위에서 빠지는 사태를 초래한 것이다.

프레임 설계에 하자가 있었기 때문에 아무리 노력해도 병원 관리 시스템을 다시 포함시켜 조사할 방법이 없었다. 그 결과는 참담했다. 환자 접촉 프로세스는 본질적으로는 특정한 사람들의 시각만을 대변한 것이다. 앞에서 말했듯이 성별을 이용해 사람을 분류하면 남자와 여자로만 나누기 때문에 직업, 지역 등의 차원은 보이지 않는다. 환자라는 단일한 시각에서 병원의 프로세스를 분류한 결과 관찰의 폭이 좁아졌다. 이런 단일 시각을 기반으로 하는 분류는 오류가 발생하기 쉽다.

시간이 별로 없었기에 우리는 즉시 두 번째 브레인스토밍에 돌입했다. 이번에는 환자 외에도 병원 핵심 인원의 시각을 포함했다. 병원의 핵심 인원 그룹은 의사, 관리 인원, CTO 등이 있다. 이어서 열거법을 이용해 CTO와 의사가 볼 수 있는 제품과 서비스를 나열하자 병원 관리 시스템도 분류 범위에 포함됐다. 그날 우리는 다시 '환자, 의사, CTO' 세 시각으로 도출한 프레임을 고객에게 제시했고, 고객은 그 폭과 깊이에 만족했다. 이렇게 해서 다음 단계인 조사 연구에 청신호가 켜졌다.

이 프로젝트 사례를 되짚어보자. 프로젝트 초기에 팀은 '환자 접촉'이라는 단일 프로세스로만 문제를 분류했다. 구조화 분석 단계에 오류가 존재했고, 즉시 수정하지 않으면 심각한 결과가 예견되어 있었다. '접촉'은 듣기에는 그럴듯한 이름이었으나 단일 차원의 시각으로 과학기술 추세를 분류하다 보니 전체 의료 설비와 시스템을 모두 커버할 수 없었다. 고객의 피드백을 받고 구조적인 문제를 수정하지 않았다면 일주일 후에 제출한 솔루션은 불합격됐을 것이며, 여기에 투입한 시간과 자원의 낭비는 돌이킬 수 없었을 것이다. 프로젝트 초기에 조사 방향을 정할 때, 즉 구조화 분석 단계에서 차원 분류법의 한계점을 인식하고 극복하려는 노력이 중요하다.

7장

3단계: 가설 제기

LOGICAL THINKING 5 STEP

가설의 기능

명료하고 정확한 문제 정의와 전면적인 구조화 분석을 거쳤다면, 이제 3단계 가설 제기로 돌입할 차례다. 구조화 분석 과정에서는 문제 해결의 기본적인 논리 모형을 제공해야 한다. 가설 제기 단계에서는 다음 단계인 가설 검증을 위한 표적으로 관련 가설들을 세

도표 7-1 3단계: 가설 제기

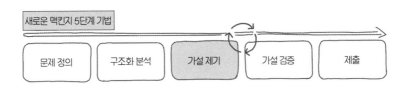

운다. 구조화 분석과 가설 제기는 동시에 발생할 때도 있는데, 이는 가설 제기가 구조화 분석을 기반으로 진행되기 때문이다.

구조화 분석과 가설 제기는 의사소통 방향이 다르다. 구조화 분석에서는 주로 외부와 소통에 집중하며, 어떤 방법이나 프레임을 사용하여 문제를 해결할 것인가를 논하고 방향성을 확인해나간다. 한편, 가설 제기 단계에서 산출한 일련의 가설들은 팀 내부 소통과 협업에 이용된다. 다음 단계인 '가설 검증(현지 조사)'을 위해 충분히 준비를 하는 것이다. 구조화 분석에서 논리 모형을 세운 후 이를 바탕으로 가설 리스트를 만든다. 이는 후속 현지 조사 시 검증해야 할 리스트이며 주요 인터뷰 내용이라고 할 수 있다.

가설 제기는 위에서 아래로 향하는 사고법의 핵심 원칙(4대 원칙 중 '가설을 전제로 한다')을 실제 행동에 옮기는 단계다. 프로젝트 초기에 현지 조사를 아직 진행하지 않았고 전문 지식이 부족한 상태에서 가설 방식으로 가능한 솔루션들을 제시해본다. 초심자에게 결코 쉽지 않은 과정이다. 기초를 다지고 나서 의견을 발표하는 상향식 일 처리 습관과는 전혀 다른 방식인 데다가 가설 제기에만 의존하면 주관적인 상상이 개입할 우려가 있기 때문이다.

여기서 강조하고 싶은 사실은 가설 제기가 문제 해결 과정에서 가장 창의성이 필요한 과정이라는 점이다. 제기한 가설은 내부 토론에만 이용되며, 외부 유출을 금지한다. 이 단계에서 생성된 가설은 아직 검증을 거치지 않은 초기 아이디어다. 상자 밖 사고와 창의성을 이끌어내기 위해 이 단계에서는 자유롭게 의견을 발표하도록 장려한다. 이렇게 생성된 가설에는 무리한 내용도 있기 때문에 이 상태에서 외부에 미리 공개하면 전문성이 떨어진다는 평가를 받을 수 있다. 따라서 최종으로 발표하는 가설은 초기 가설을 정리하여 면밀히 검증한 확실한 소견이어야 한다.

잘못된 가설을 즉시 수정하고 새로운 가설을 제기하며, 검증 후 과학적 논증을 거치는 순환 과정은 다음 장에서 상세히 소개하겠다. 여기서는 앞에서 언급한 세계 500대 의료 설비 기업의 사례로 가설 제기에 대해 살펴보자(도표 7-2 참조).

일주일 안에 '중국 의료기관의 10대 과학기술 동향' 보고서를 완성해야 한다니, 그 압박감을 능히 짐작할 수 있을 것이다. 팀원들은 당장 나가서 조사를 해 답을 찾고 싶은 충동을 느꼈지만, 계획 없이 맹목적으로 추진한 일의 수확이 보잘것없다는 사실을 누구보다 잘 알고 있었다. 실제로 몇 명은 다양한 지역과 규모의 병원을 방문

도표 7-2 환자 접촉 프로세스와 가설

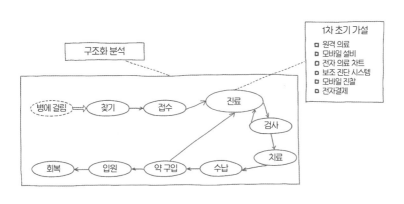

하여 인터뷰부터 시도했다. 그러나 막상 어떤 방법으로 진행해야 할지 난감했다. 다짜고짜 "이 병원의 10대 과학기술 추세는 무엇인 가요?"라고 물을 수는 없지 않은가!

모든 팀원이 일관되고 목적이 뚜렷한 현지 조사를 하기 위해서 우리는 통일된 인터뷰 개요부터 마련해야 했다. 실전에서 사용할 개요에는 인터뷰 시 검증할 초기 가설이 포함된다. 이런 가설들이 검증을 통과하면 인터뷰 분위기는 무르익고 필요한 통찰을 이끌 어낼 수 있으며, 더 나아가 새로운 가설을 생성하여 현지 조사 효 과를 극대화할 수 있다. 우리는 브레인스토밍을 통해 환자 접촉 프 로세스의 모든 핵심 노드에 각각 약 10개의 과학기술을 가설로 제 시했다. 그중 '진료' 노드에는 원격 의료, 모바일 설비, 전자 의료 차 트, 보조 진단 시스템, 모바일 진찰과 전자결제 등 진료 시 사용할 가능성이 있는 기술들이 포함됐다.

프로젝트 초기에 한 팀원은 베이징으로 날아가 대형 병원에서 외과의사 A를 만나 '진료' 노드의 과학기술 추세에 관해 이야기 했다. 프로젝트의 배경과 조사 연구 프레임을 간단히 소개한 후 팀 원은 단도직입적으로 질문했다. "선생님은 진찰할 때 원격 의료 설 비를 사용해보셨습니까? 사용한 적이 있다면 그것에 대해 어떻 게 평가하십니까?" 이런 질문을 받으면 의사는 사용한 적이 있다, 없다 둘 중 한 가지 대답을 할 수밖에 없다. 하지만 원격 의료 외에 모바일 설비, 전자 의료 차트, 보조 진단 시스템 등 다른 가설들이 남아 있다.

기존 가설을 검증한 후 팀원은 인터뷰 기술을 활용해 좀 더 깊이 파고들어갔으며, 이번에는 개방적인 질문을 했다. "방금 말씀하신 몇몇 과학기술 외에 진료 과정에서 사용하는 유사한 과학기술 서비스를 아십니까?" 이번에는 이미 구체적인 사례를 들었기 때문에 자연스럽게 유사한 선별 기준에 따라 새로운 과학기술을 알려줄 것이다. "네, 비슷한 의료 지식 서비스인 SNS 계정과 스마트폰 앱을 지금 개발 중입니다." 병원의 공식 계정과 앱 등은 새로운 가설 후보군이 될 것이다. 우리는 여기서 가설 제기가 프로젝트 초기에만 발생하는 것이 아니라 전반에 걸쳐 발생하며, 가설 제기와 검증이 순환 구조로 반복된다는 사실을 알 수 있다.

가설 제기의 핵심:
브레인스토밍

　브레인스토밍은 가설 제기의 핵심이자 컨설팅 기업이 자주 사용하는 문제 해결 도구다. 비공식적인 토론 방식으로 핵심 아이디어와 관점을 생성하는 브레인스토밍은 문제 전반은 물론 디테일한 주제에도 활용될 수 있다. 브레인스토밍은 일반 업무 회의와 확실히 구별된다. 구성원들은 자신의 뛰어난 지식을 보여주려고 애쓰지 않고 가벼운 마음으로 토론에 참여한다. 어떤 관점이든 모두 평등하며, 형편없는 의견이라고 평가하는 사람은 없다. 참여자들은 자유롭게 말하면 된다. 사람에 대한 평가보다는 일 자체에 대해 솔직하고 적극적인 태도로 의견을 교류한다. 브레인스토밍은 내용 측면에서는 결코 전문성을 우선하지 않으며, 직관에 기반한 산발적인 아이디어도 장려한다. 그리고 그 가운데서도 숨겨진 구조를 찾아 발전시킨다. 형식 측면으로 보면 브레인스토밍은 대체로 화이트보드가 있는 회의실에서 진행된다. 한 명이 진행을 맡아 의견을 종합하고 분류해서 화이트보드에 적는다. 가장 이상적인 브레인스토밍 인원수는 3~8명이다. 이 정도 인원일 때 의사소통의 효율성을 확보하고, 개개인의 기여도를 최대화할 수 있다.

브레인스토밍은 따로 정해진 시기 없이 어떤 단계에서든 진행할 수 있다. 맥킨지 전략 프로젝트 팀에서 브레인스토밍Problem Solve, PS은 거의 매일 진행하는 활동이다. 특히 프로젝트 초기에는 브레인스토밍으로 문제 정의, 구조화 분석, 가설 제기 단계에서 초기 아이디어를 도출해내기 때문에 더욱 중요하다.

브레인스토밍은 '다양성', '공평성', '창의성' 세 가지 원칙에 따라 진행되어야 한다. 다양성은 가설 자체에 대한 요구이자, 브레인스토밍 참여자에 대한 요구이기도 하다. 브레인스토밍은 다양한 시각을 장려함으로써 여러 배경에서 사고의 다양성을 확보할 수 있도록 돕는다. 참여자가 서로 비슷한 배경을 가졌다면 사고의 동질화가 심각해져 그룹 토론이 개인의 사고와 별반 다르지 않을 수도 있다. 그렇게 되면 브레인스토밍의 의의를 잃어버리는 것이다. 맥킨지에서는 인재를 채용할 때 동질화를 의식적으로 피한다. 각자 다른 업계 출신으로 팀이 구성되고, 전공도 경영 관련 전공에만 치우치지 않고 천차만별이어서 다양한 시각을 접할 수 있다.

두 번째로 공평성의 원칙은 브레인스토밍 참여자들이 제약 없이 자신의 생각을 발표할 수 있게 하는 장치다. 앞서 말했듯 어떤 가설이든 모두 의미와 가치가 있으며, 사람이 아닌 사안 자체를 두고 열띤 의견을 주고받아야 한다. 진행자는 주제와 관련이 있으면 아무리 상식에 어긋난 의견이라도 수용하고, 사원이 말한 것이든 임원이 말한 것이든 일단 제시된 가설은 공평하게 칠판에 적어야 한다.

마지막은 창의성의 원칙이다. 제기된 가설은 의식의 흐름대로 마음껏 발산하는 아이디어일 수 있다. 이런 상자 밖 사고는 기존의 고정관념을 깨고 혁신을 가져올 것이다. 브레인스토밍을 할 때는 당면한 분야와는 전혀 다른 분야라도 그 경험을 적용해볼 것을 권장한다. 각종 가설을 제기한 후 이를 정리하면 분류하기 까다로웠던 가설이 오히려 문제 해결에 예상 밖의 시사점을 던져주기도 한다.

전문가의
이른 개입을 피하라

가설을 제기할 때 해당 문제에 능통한 전문가의 개입이 필요할까? 전혀 필요하지 않다. 전문가를 초빙하더라도 가설 제기 과정, 특히 초기의 브레인스토밍 활동에 너무 이르게 개입하는 것은 금물이다. 하향식 사고방식을 구현하는 가설 제기는 경험 지향적인 상향식 사고방식과는 완전히 다르기 때문에 균형을 잡아주지 않으면 첨예한 충돌이 일어나게 된다. 전문가가 체계적인 구조화 사고 훈련을 받지 않았다면 습관적으로 전문가적 사고에 편중될 것이고, 5단계 기법 중 앞의 4단계를 뛰어넘어 이른바 '정답'을 바로 제공할 것이다. 전문가들은 한 가지 방법으로 단번에 문제를 해결하는 데 능한 사람들이다. "손에 망치를 들고 있으면 눈앞에 있는 것이 전부 못으로 보인다"는 속담이 바로 이런 경우다. 전문가는 브레인스토밍 참가자들에게 자신만만하게 말할 것이다. "다른 프로젝트에서도 이런 문제가 있었는데 성공적으로 해결했습니다. 이번 일도 그 경험을 살리면 충분히 해결할 수 있죠. 브레인스토밍까지 할 필요가 있을까요?"

가설 제기는 새로운 맥킨지 5단계 기법에서 전 단계와 다음 단계를 이어주는 중요한 과정이다. 그뿐 아니라 통상적인 경험 지향적인 사고방식과는 다르게 적용하고 실천하는 단계에서 반복해서 체득해야 한다. 가설 제기 단계는 아무런 근거도 없이 억지로 머리를 쥐어짜는 것과는 다르다. 엄격한 가설 검증을 통해 오류를 즉시 수정하고 새로운 가설을 제기하여 과학적 검증의 순환 구조를 형성하는 것이다. 이제 4단계 가설 검증에서 이 두 과정이 어떤 식으로 상호작용을 하며 정확한 최종 솔루션을 도출하는지 살펴보자.

8장

4단계: 가설 검증

가설 검증의
기능과 방법

가설 검증은 초기 가설을 과학적 방법으로 검증하는 단계다. 가설 검증을 위해서는 상당히 많은 정보가 필요하다. 각종 정보를 수집하는 리서치 작업에는 데스크 리서치와 필드 리서치가 있다. 데스크 리서치는 고객의 서면 자료, 인터넷 공공 데이터, 전문 간행

도표 8-1 4단계 : 가설 검증

물, 각종 업계 보고서와 내부 데이터베이스 등을 취합하고 정리하여 가설을 지지하거나 부정하는 핵심 관점을 도출하는 방식이다. 그러나 데스크 리서치를 면밀히 했더라도 최종적으로는 필드 리서치로 실태를 확인해야 한다.

필드 리서치는 실험실이나 도서관 밖 현장에서 객관적 데이터를 수집하고, 엄밀한 논리로 가설의 진위를 검증하는 것을 말하며, 구조화 사고를 하기 위해 반드시 갖춰야 할 기본기다. 필드 리서치는 인터뷰, 조사, 실험 등 구체적이고 사소한 작업까지도 포함한다. 가령 설문조사를 배포하고 수집하는 것, 각종 관련 그룹(소비자, 경쟁자 등)의 선별과 인터뷰, 현지 관찰과 제품 및 서비스 체험 등이 있다. 여기서 나온 숫자를 분석하고 통찰을 도출해내는 과정도 매우 중요하다.

정보를 수집할 때는 1차 자료를 최대한 수집한 다음 2차 자료로 보완한다. 2차 자료 사용 시에는 출처의 신빙성을 최대한 검증해야 한다. 또한 필드 리서치로 데이터를 수집하면서 새로운 가설을 세웠다면 이 역시 검증이 필요하다. 이런 과정은 문제 해결을 위한 최적의 솔루션을 찾을 때까지 되풀이된다.

필드 리서치 기술

성공적인 필드 리서치를 하려면 무엇이 필요할까? 리서치를 하는 사람은 사업적 시각, 의사소통 능력, 동기 부여 능력, 감정이입 및 공감 능력과 데이터 분석 기술 등 다방면으로 조사 능력을 갖춰야 한다. 필드 리서치를 성공적으로 수행할 수 있는 방법에는 어떤 것이 있는지 알아보자.

: 인터뷰에 필요한 5가지 기술

문제를 분석하고 해결하는 과정에서, 그중에도 특히 가설 검증을 위한 필드 리서치에서 인터뷰는 정보를 수집하고 시사점을 통찰할 수 있는 중요한 기회이며, 비판적 사고자들이 빠르게 학습하고 인지하도록 도와준다. 많은 경우에 문제 분류하기로 만든 로직 트리는 인터뷰어에게 분명한 맥락과 방향을 제시해줌으로써 인터뷰 효과를 극대화한다. 그러나 정확한 로직 트리를 형성했다는 사실 자체가 무조건 인터뷰의 속도와 질을 보장해주지는 않는다. 필드 리서치 인터뷰에서 더 큰 효과를 보기 위해서는 몇 가지 중요한 기술과 원칙을 익혀야 한다.

첫째, 인터뷰 대상자를 최대한 존중해야 한다. 상대의 입장에서 생각하고 상대의 말을 경청하는 것으로 이를 표현할 수 있다. 인터뷰에서는 상호작용이 많이 이뤄지는데, 경험 많은 인터뷰어는 상대방의 입장과 생각을 이해하려고 시도하며, 상대의 감정 변화를 수시로 관찰한다. 순간 스치는 망설임이나 말투에 묻어나는 약간의 짜증스러움 등 사소한 동작까지 포착하여 적절히 대응함으로써 부드러운 분위기를 조성해 인터뷰를 순조롭게 진행한다. 반면 준비한 질문을 기계적으로 던지면서 상대방의 불쾌한 기분을 살피지 못하면 시간만 낭비할 뿐이고 향후 작업 진행에도 지장이 생긴다.

경청한 말을 정리하면서 내용을 확인하는 것도 매우 중요하다. 상황에 따라 같은 말이라도 해석을 달리할 수 있기 때문에 자신이 이해한 바를 짚고 넘어가는 것이 좋다. "선생님 말씀의 의미는……" 또는 "다시 말해서……" 등 한 번 더 상대의 말을 정리함으로써 정보를 정확하고 완전하게 이해하고, 상대에게는 적극적으로 경청하려는 모습을 보여줄 수 있다.

둘째, 대화 중에 새로운 정보를 제공해 쌍방향으로 교류한다. 이를 위해 인터뷰어는 지식을 축적하고 업계 동향을 민감하게 살펴야 하고, 대상 기업과 주요 경쟁 제품에 관한 정보를 사전에 충분히 파악해야 한다. 인터뷰 대상자는 자신이 몸담은 업계에는 훤하지만 빠르게 변하는 신흥 업종 등 다른 업계의 최신 소식은 잘 모를 수도 있다. 인터뷰어는 전문성의 깊이는 상대에 미치지 못하지만 지식의 폭에 있어서는 우위를 갖고 있다. 대화 중 적절한 때에 새로운 부가 정보나 창조적 아이디어를 제공할 수 있다면 인터뷰 대상자는 일방적으로 정보를 전해주는 대화가 아니라, 자신에게도 유리한 쌍방향 교류와 브레인스토밍을 하고 있다고 느낄 것이다.

셋째, 결과를 지향하는 집요함이 있어야 한다. 상호 존중을 기반으로 하되 인터뷰어는 결과 도출이라는 목표를 달성할 때까지 포기하지 않는 자세로 임해야 한다. 3단계 가설 제기에서 작성한 가설 리스트가 인터뷰에서 조사해야 할 포인트다. 전문가를 인터뷰하는 기회는 소중할 뿐 아니라 이번 한 번으로 끝날 가능성이 크다. 인터뷰 전반에 걸쳐 인터뷰어는 핵심 가설에 대해 상대와 대화를 나누면서 진위를 확인하고 확실한 결론을 도출해야 한다. 그렇지 않은 인터뷰는 시간과 자원의 낭비에 불과한 실패한 인터뷰이므로 반성하고 개선점을 찾아야 한다.

넷째, 인터뷰는 한 번에 끝나는 '거래'가 아니므로 둘 사이에 장기적인 신뢰 관계를 구축해야 한다. 따라서 인터뷰를 하기 전에 충분히 준비해서 인터뷰가 시간 낭비가 되지 않도록 노력해야 한다. 프로젝트에서는 한 전문가나 임원을 여러 번 만나는 경우가 많다. 사전에 인터뷰 개요를 설계하고 지난 인터뷰 기록을 확인함으로써 같은 질문을 중복하는 일을 피해야 한다. 사람이 아닌 사안 자체를 논하는 객관성을 시종일관 유지함으로써 대상자가 자신이 평가나 문책을 당하고 있다는 오해를 하지 않도록 한다.

다섯째, 인터뷰 대상자를 진심으로 보호해야 한다. 정보를 취합할 때는 대부분의 경우 익명을 유지하고, 실명으로 인용해야 할 때는 반드시 상대의 동의를 받아야 한다. 앞뒤 문맥을 자르고 그 부분만 실명으로 인용하는 행위는 대상자에게 불필요한 번거로움을 주고 피해를 끼칠 수 있다.

인터뷰 기술을 잘 익혀 심도 있는 대화를 나누며 충분한 신뢰를 쌓으면, 컨설팅 대상자에게 그들이 의뢰한 질문을 그대로 던지고 상대의 개인적 관점을 들어볼 수도 있다. 예를 들어 '순이익을 제고하는 방법' 사례에서 우리 팀에 컨설팅을 의뢰한 기업 대표와 인터뷰를 진행해 굳건한 신뢰 관계를 쌓은 다음 3차원의 요소들을 함께 논의하고 이쪽에서 자연스럽게 같은 질문을 역으로 던져볼 수 있다. "대표님이 아시다시피 우리는 이 문제를 다양한 차원에서 몇 차례나 정리했고, 기업 운영과 관련한 세부 문제는 전부 밝혀냈다고 봅니다. 3차원의 여러 요소 중 어떤 요소가 단기적으로 기업 순이익 증가에 크게 기여할 것으로 보십니까? 장기적인 효과는 어떤 요소가 더 클까요?" 인터뷰를 제대로 했다면 대상자의 진정한 개인적 관점을 들어볼 수 있을 것이다. 이때 "그 이유는 무엇일까요?"라는 질문을 추가한다면 예상 밖의 수확을 얻을 수 있다.

기업 대표의 피드백을 받은 후에는 결코 거기서 멈추면 안 된다. 본격적인 인터뷰는 그때부터 시작된다. 회사 임원들과 개별로 초기 인터뷰를 진행한 다음 그 결과에 따라 체계적인 연구 방안을 수립한다. 상황이 허락한다면 이런 인터뷰와 연구는 내부 고위 임원, 중간 관리층, 사원, 외부 고객, 협력 파트너, 혹은 경쟁사의 전직 임원과도 진행할 수 있다. 이런 과정에서 기존 가설을 검증할 수 있고, 연구가 진행됨에 따라 새로운 가설도 수면으로 떠오른다.

인터뷰어가 인터뷰 기법을 잘 익히고 있다면, 분류 내용을 가지고 진행한 체계적인 인터뷰는 양측에 원원의 결과를 가져온다. 인터뷰어는 문제와 관련한 업무 지식과 비즈니스 인사이트를 빠르게 수집하고 대상자와 신뢰 관계를 쌓게 된다. 여기서 인터뷰어는 분류 구조와 분야를 넘나드는 새로운 지식을 제공해 쌍방향 교류를 유도하며 토론의 깊이를 더한다. 이를 통해 3차 전개 또는 더 깊은 세부 내용을 집요하게 파고들고, 문제 해결을 위한 기초를 다질 수 있다.

이 과정에서 인터뷰 대상자도 수확이 적지 않다. 기업 임원들은 평소 업무에 너무 몰입하여 때로는 기업 전반의 큰 그림을 간과하기도 한다. 인터뷰어가 제공한 분류 구조는 큰 맥락을 정리하고 전체 시각에서 자신의 업무를 재조명하는 데 도움이 된다. 경험이 많은 인터뷰어가 풍부한 비즈니스 이론과 분야를 뛰어넘는 신선한 정보를 소개할 때 인터뷰 대상자도 지식을 확장하고 새로운 비즈니스 인사이트를 얻을 수 있다.

예시: 효율적인 인터뷰로 가설 검증하기

의료기관 10대 과학기술 조사하기 사례로 필드 리서치의 기본기와 기술을 알아보자. 인터뷰어는 초기 가설이 포함된 인터뷰 개요를 들고 병원을 방문해 의사와 만났다. 인터뷰를 시작한 지 5분이 채 지나지 않았는데 '진료' 부분의 과학기술 추세에 대한 토론에 돌입했다. 인터뷰어는 원격 의료와 관련된 가설을 검증하기 위해 이렇게 물었다.

> 인터뷰어: "원격 의료라는 기술에 대해 들어본 적이 있는지요?"
> 의사: "네, 들어봤습니다."
> 인터뷰어: "진료할 때 원격 의료 기술을 사용하시나요?"
> 의사: "사용하지 않습니다!"

인터뷰는 막다른 골목에 들어선 듯하다. 경험 없는 인터뷰어는 이것으로 원격 의료에 대한 가설 검증을 끝내고, 다음 가설에 관해 질문할 것이다. 그러나 인터뷰 개요에 있는 가설들은 모두 엄격한 선별을 거친 것이다. "사용하지 않습니다!" 이 짧은 대답은 현재 상태를 나타내는 것일 뿐 아니라, 질문이 불편하다는 심리가 반영된 대답일 수 있다. 따라서 아니라는 말을 그대로 받아들여서는 안 된다. 경험이 풍부한 인터뷰어는 예의를 갖춰 배경 정보를 우회적으로 제공하고, 개방형 질문을 던져 대상자의 참여를 이끌어 낸다.

> 인터뷰어: "원격 의료는 올해의 트렌드이고, 언론에서도 이 병원이 원격 의료를 활용하고 있다고 보도한 것을 알고 있습니다. 저는 의료 설비 분야에는 문외한이니 이 기술을 더 이상 사용하지 않게 된 이유를 말씀해주시겠습니까? 이 기술에 어떤 문제라도 있었는지요?"

인터뷰어는 이 질문으로 상대방에게 우리가 이 업계와 병원에 대한 기초 연구를 마치고 찾아왔다는 사실을 알려준다. 그리고 상대의 지식을 존중하고 권위를 부여함으로써 전문가의 의견을 경청할 준비가 됐음을 어필한다. 또한 개방형 질문을 던져 인터뷰 대상자가 자신의 견해를 펼칠 수 있는 충분한 여지를 준다.

예상했던 대로 의사는 말문을 열었다. 그는 원격 의료의 각종 폐단을 토로하기 시작했다. 이미지 전송이 늦고 동영상은 끊기기 일쑤이며, 데이터 양식이 병원 기준에 맞지 않고 프로세스가 원활하지 않아 원격 협력 교육이 제대로 되지 않았다는 내용이었다. 그는 마지막으로 이렇게 덧붙였다. "우리 병원 입구에는 날마다 수백 명이 줄을 서 있습니다. 병원을 찾는 환자들도 다 소화하지 못하는 상황에 원격 의료까지 신경 쓸 여력이 어디 있습니까?" 그의 말에는 필드 리서치에서만 확보할 수 있는 정보가 들어 있다. 인터뷰어는 이런 알짜 정보를 놓치지 말고 정확히 기록해야 한다. 그리고 질문을 끝내지 말고 이 여세를 몰아가야 한다.

"좋은 말씀 감사합니다. 이제야 원격 의료가 대형 병원에 부적합한 이유를 알 수 있었네요. 그렇다면 혹시 이런 기술이나 설비를 아직 사용하고 있는 다른 병원이 있을까요?" 의사는 동기가 한 도시의 작은 병원에 근무하는데 최근 원격 의료를 도입했다는 소식을 들었다고 한다. 인터뷰어는 그 의사의 연락처를 묻고 이번 인터뷰를 끝낸 후 다음 정보 수집을 위한 약속을 했다.

인터뷰를 끝내기 전 개방형 질문으로 새로운 가설을 탐색할 수 있다. 인터뷰어는 '원격 의료와 유사한 기술에는 어떤 것이 있을까?'라는 주제로 새로운 가설을 세우고, 인터뷰 개요에 이를 추가해 가설 검증을 다시 진행하기로 했다. 향후 또 다른 필드 리서치를 통해 이 논점을 검증했다. 이런 식으로 끝까지 파고든 집요한 노력 끝에 원격 의료의 실제 상황이 수면 위로 떠올랐다. 필드 리서치를 심층적으로 진행하면서 각 가설에 대해 더 분명한 판단을 할 수 있었다. 가설의 진위를 증명할 때까지 이 과정은 계속된다.

가설 제기와 검증은 새로운 맥킨지 5단계 기법의 기본 줄기다. 팀은 최단시간 안에 이 순환 과정을 거쳐 문제의 솔루션을 도출하기 위해 노력한다. 가설 제기와 검증을 반복하는 순환 과정은 프로젝트 기간 8~10주 대부분을 차지한다. 필드 리서치는 가설 검증 과정에서 빈번히 사용되는 효과적인 방법이다. 인터뷰 과정에서 연구자는 앞서 제시한 여러 역량과 원칙을 따라 비즈니스 인사이트와 솔루션을 도출해야 한다.

9장

5단계: 제출

제출 전:
지나친 준비란 없다

뛰어난 리더는 복잡한 것을 간결하게 만드는 사람이다. 그들은 논쟁과 고뇌, 의혹을 뚫고 모든 사람이 알 수 있는 솔루션을 제시할 수 있다.

― 콜린 파월

전략 프로젝트 전체 과정 중 마지막 일주일에 진행되는 솔루션 제출은 그야말로 클라이맥스다. 프로젝트 팀은 이미 새로운 맥킨지 5단계 기법의 4단계까지 거쳐왔으며, 특히 가설 제기와 검증을 여러 번 반복해서 진행했다. 데이터를 수집하고 통찰한 결과를 다듬어놓았으니 솔루션은 이미 그림이 나온 상태다. 이제 제출 단계

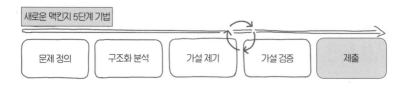

도표 9-1 5단계: 제출

새로운 맥킨지 5단계 기법				
문제 정의	구조화 분석	가설 제기	가설 검증	제출

에서 프로젝트 팀은 모든 성과를 완벽하고 효과적으로 전시해야
한다.

프로젝트를 TV 드라마에 비유한다면 최종 성과물 제출은 결말
에 해당한다. 이쪽에서 제출한 솔루션을 고객이 내부 시스템에 도
입하면 팀의 사명은 끝이 난다. 결말을 원만히 끝내려면 상상을 초
월하는 주도면밀한 준비가 필요하다. 제출한 성과물은 팀이 그동안
시간 외 근무를 하며 분투한 결과이며, 엄격한 태도로 전문성을 최
대한 발휘한 결과다.

최종 제출 전 프로젝트 매니저와 구성원들은 곧 제출할 성과물
을 하나하나 살펴보며 여러 사항들을 점검한다. 첫째, 프로젝트 문
제 정의는 명료해야 하고, 스토리라인이 뚜렷해야 한다. 논리 전개
시 빈틈이 없도록 확인하고, 데이터 포인트들을 재확인해 문제가
발생하지 않도록 한다. 둘째, 커뮤니케이션 계획을 세운다. 공식적
인 프레젠테이션에 앞서 프로젝트 매니저는 핵심 의사결정자에게
대략적인 솔루션 방향을 소개하고 상응하는 피드백을 받는다. 커
뮤니케이션 과정에서 의사결정자가 보일 수 있는 태도를 예측하고,

예상되는 반발과 저항에 대비한 플랜 B를 준비해놓는다. 셋째, 프레젠테이션 형식과 프로세스는 완벽해야 한다. 프로젝트 매니저는 발표할 PPT 자료와 기타 보조 자료를 꼼꼼히 준비하고 리허설을 여러 번 진행해 실수가 없도록 준비한다.

전략 프로젝트의 마지막 단계인 솔루션 제출을 위한 회의는 대체로 반나절에서 하루 동안 비공개 회의로 진행된다. 프로젝트의 주요 의사결정권자들과 관련자들이 모두 초청되어 전략 컨설팅 팀이 제출한 솔루션을 놓고 회의를 한다. 컨설팅 팀이 제시한 솔루션은 기업의 경영 및 이익과 직접적으로 연관된다. 팀이 제시하는 사항이 관련자들의 이익과 상충하는 경우도 있고 심지어 일자리를 잃는 사람이 생기기도 하기에 참석자들은 마음의 준비를 단단히 하고 회의에 임한다.

컨설팅 팀이 마주한 살벌한 상황과 장면이 그려질 것이다. 마치 상어로 가득 채운 수족관에 던져진 듯한 신세다. 조금만 머뭇거리거나 갈등하는 모습을 보이면 상어는 피 냄새를 맡고 달려들 것이고, 상상하기도 힘든 끔찍한 결과를 초래할 것이다. 그렇기에 면밀하게 준비하고 전력을 다해 임해야 한다. 이때 제출 과정에서 각종 기술을 활용하는 것도 좋다.

예시: 리모컨의 비밀

몇 년 전, 우리 팀은 동남아에 위치한 한 국가의 의뢰로 중앙은행의 전자화폐 정책 솔루션을 진행했다. 전자화폐 정책이란 국가적 차원에서 자원 절약과 효율성을 위해 일정한 범위 내 종이 화폐 유통을 전자결제 형식으로 대체하는 정책이다. 프로젝트는 해당 국가의 기존 결제 네트워크(ATM 현금지급기, POS 단말기, SWIFT 네트워크 등) 모델과 관련되어 있기 때문에 모든 은행, 특히 몇몇 대형 은행의 결제 업무에 큰 영향을 줄 수 있는 작업이었다. 이 프로젝트의 최종 솔루션 제출 회의는 중앙은행 총재가 주재하고 전국 10대 은행 CEO 전원이 참석할 만큼 상당히 규모가 컸다. 우리 팀이 느끼는 중압감은 상상을 초월한 것이었다.

당시 회의를 앞두고 우리가 진행했던 준비 작업을 회고해보겠다. 우리 팀은 3개월에 가까운 작업 끝에 마침내 솔루션을 도출해냈다. 최종 솔루션 제출을 위해 마지막 일주일 동안 여러 차례 전문 회의도 진행했다. 솔루션 시행 초기에 대형 은행에 미치는 타격이 클 것이기 때문에 회의 참석자들의 적대감을 최대한 낮추는 방안을 연구했다. 단기적으로는 타격이 있지만 장기적 관점에서 보면 우리 솔루션이 대형 은행의 수익을 더 높일 것이라고 더 넓은 시각에서 문제를 직시하게 해줄 필요가 있었다.

어떻게 해야 회의 참석자들의 거부감을 완화하고 공감을 형성할 수 있을까? 우리는 고민 끝에 최종 솔루션 제출 회의에 한 가지 순서를 추가하기로 했다. 바로 익명으로 답 맞추기 이벤트였다. 회의 참석자 전원에게 리모컨을 하나씩 나눠주고, 프로젝트 성과를 본격적으로 소개하기 전에 간단한 설문을 익명으로 진행했다. 그리고 그 결과를 바로 발표했다.

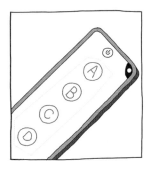

　'이 프로젝트를 왜 해야 하나'라는 주제를 중심으로 6가지 질문을 던져, 참가자가 답을 하나 고르도록 했다. 누구나 인정하는 화폐로 인한 자원 낭비 문제를 참석자들이 의식하도록 유도하는 질문이었다. 공감대를 형성하고 문제를 해결해야 한다는 긴박감을 느끼게 하는 것이 목적이었다. 이 작은 이벤트에는 심리적 요소가 담겨 있다. 답을 맞추는 과정에서 참석자들은 심리적으로 '권력의 변화'를 느끼게 된다. 리모컨으로 문제를 푸는 분위기를 연출했고, 그 상황에 놓인 응답자들은 학생과 비슷한 위치에서 자신이 답을 맞히길 기대했다. 이렇게 작은 이벤트로 공격적이고 적의에 찬 청중의 심리를 순식간에 상대적 약세로 전환해 커뮤니케이션의 어려움을 크게 줄일 수 있었다.

　우리는 회의 시작에 쓸 다양한 버전의 문제 포트폴리오를 마련하고 여러 차례 논의 후 최종 원고를 만들었다. 프레젠테이션 진행자는 원고 내용을 몇 번이고 반복 연습했으며, 팀원끼리 배역을 정해 여러 각도에서 날카로운 질문을 던졌다. 정성껏 준비한 솔루션 제출 회의는 매우 성공적이었고, 팀이 내놓은 제안 사항은 참석자들의 공감을 얻었다. 일상 업무에서 자신의 견해나 관점을 발표할 때도 이같이 철저하게 준비한다면 의사소통에 큰 발전이 있을 것이다.

제출 시:
효율적인 비즈니스 커뮤니케이션

: 커뮤니케이션 형식의 특징

산업화, 정보화를 거쳐 인공지능 시대로 접어든 오늘날, 비즈니스 현장에서는 이미 다양한 협력들이 활발하게 이루어지고 있다. 개개인의 능력에만 의지해서는 이제 큰 목표를 성취하기 어렵다. 이런 환경에서 자신의 아이디어를 분명히 밝혀 팀원을 비롯한 투자자, 고객 등 더 많은 사람을 설득하여 실제로 실행에 옮기는 능력은 매우 중요하다. 사실 우리가 생각을 확실하게 전달하지 못하는 이유는 생각이 제대로 정리되지 않았기 때문이다. 그런데 만약 생각을 잘 정리했음에도 커뮤니케이션 오류로 좋은 아이디어를 전달하지 못해 그동안의 노력이 수포로 돌아간다면 매우 애석한 일이다. 이 장에서는 내 생각을 정확히 전달하는 기술을 중점적으로 다루겠다.

'스토리텔링'이라는 명칭으로도 불리는 효과적인 커뮤니케이션은 현대 기업 관리자들이 갖춰야 할 핵심 능력에 속한다. 역사학자 유발 하라리는 저서 《사피엔스》에서 인류의 효과적인 커뮤니케이션과 관련하여 재미있는 주장을 전개했다. 그의 말에 따르면 한 사회의 단위 인원수가 150명 이내일 때는 '뒷담화'를 하면서 입과 귀로 전달하는 단편적인 정보에만 의존해도 결속을 유지할 수 있다. 그러나 사회의 단위 인원수가 150명을 넘어가면 인류 조직은 체계화된 '스토리'가 있어야 결속할 수 있다고 한다. 이 스토리에는 종교, 이념, 신앙 및 회사 측면의 기업 사명, 비전, 제품전략 등이 포함된다. 현대 기업들은 분업 및 글로벌 협력 등으로 경영진이 대부분 세부 업무에서 이미 멀어져서 일일이 시범을 보여주기가 힘들어졌다. 따라서 경영진은 탁월한 커뮤니케이션 능력을 갖추고 스토리텔링을 통해 기업 문화, 전략, 제품 이념 등을 직원들에게 전달해야 했다.

그러나 생각을 효율적으로 전달하기란 결코 쉽지 않다. 효율성을 떨어뜨리는 특성에는 세 가지가 있다. 첫째, 커뮤니케이션은 쌍방향, 심지어 다방향으로 진행된다. 일방적으로 간결한 정보를 전달하는 것은 커뮤니케이션의 첫걸음에 지나지 않으며, 최종으로는 경청과 피드백을 통한 상호 교감을 유도하고 공감대를 형성해야

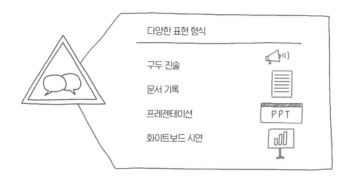

다양한 표현 형식

구두 진술

문서 기록

프레젠테이션

화이트보드 시연

한다. 둘째, 커뮤니케이션은 다양한 측면으로 이뤄진다. 소통 내용은 정보, 통찰력, 심지어 개인적 정서와 감성까지도 포괄한다. 셋째, 커뮤니케이션에도 다양한 형식이 있다. 비즈니스 커뮤니케이션만 해도 구두 진술, 문서 기록, 회의에서 사용하는 PPT와 화이트보드 시연 등 많은 표현 형식이 있다. 상황에 따라 적절한 커뮤니케이션 형식을 선택할 수 있으려면 실전을 통한 훈련이 필요하다. 비즈니스 업무에서 사용하는 커뮤니케이션 형식의 장단점 및 활용 방법을 살펴보자(도표 9-3 참조).

구두 진술: 다른 보조 도구의 도움 없이 스피치(표정과 제스처 포함)만으로 소통하는 것이다. 구두 진술은 내용의 많고 적음에 따라 긴 스피치와 짧은 스피치로 나뉜다. 일반적으로 진술 시간이 짧을수록 발표자에게 많은 것이 요구된다. 발표자는 정해진 시간 안에

복잡한 문제를 잘 정리된 언어로 설명해야 한다. 컨설팅 업계에서 많이 언급되는 '엘리베이터 피치elevator pitch'는 바로 이런 짧은 스피치의 극대화된 버전으로, 엘리베이터에 탄 20~60초 안에 효율적으로 생각을 전달하는 것이다.

문서 기록: 핵심적인 표현 방식이자 자세한 정보 전달에 주로 이용된다. 문서 기록은 문서의 양에 제약이 적고 준비 시간이 상대적으로 길기 때문에 아이디어, 추리 과정, 준비 자료 등 관련 정보를 충분히 전달할 수 있다. 검토 시간을 확보하기 위해 최소한 회의 하루 전에 관련자들에게 파일을 보내 미리 읽어볼 수 있게 한다. 대부분의 경우 회의 주최 측이 사전에 출력 자료를 준비해야 하며, 인쇄할 때는 불필요한 종이 문서를 최대한 줄이는 것이 좋다.

프레젠테이션: PPTPowerPoint는 마이크로소프트가 개발한 일종의 시연 도구이며, 오늘날 회의에서 빠질 수 없는 표현 형식이기도 하다. 전략 컨설팅 프로젝트에서 PPT는 일반적으로 두 가지 버전으로 나뉜다. 하나는 20페이지 정도의 비교적 짧은 종합 보고서이고, 다른 하나는 100페이지 이상의 프로젝트 세부 보고서와 기록이다. 회의 참가자 구성에 따라 다양한 버전을 선택할 수 있다. 기업 임원 회의에서는 주제를 부각할 수 있는 짧은 버전의 PPT가 선호된다. 긴 버전의 PPT는 문서 형식과 유사한 정보 전달 기능이 있다.

화이트보드 시연: 일반적으로 프로젝트 진행 시 진행자가 마커를 들고 화이트보드에 안건을 적어가면서 구성원들과 토론을 하는 방

식으로 사용된다. 화이트보드 시연은 비즈니스 커뮤니케이션 형식 중 상호작용이 가장 많이 요구되며, 현재 다양한 IT 기업 및 스타트업에서 회의 토론 시 활용하고 있다. 브레인스토밍 토론도 대부분 화이트보드 앞에서 이뤄진다.

네 가지 비즈니스 커뮤니케이션 형식은 저마다 특징이 다르므로 실제 업무에서는 적절히 조합해서 사용할 수 있다. 신입 직장인들은 대중적으로 활용되는 PPT를 비즈니스 커뮤니케이션의 제왕으로 오해하는 경우도 있다. 물론 정성 들여 만든 PPT 자료를 선호하는 이들도 있지만, 시간 제약이 있는 상황에서는 구두 진술이 유연성과 직접성이라는 뚜렷한 장점 때문에 더 효율적일 때도 있다. 또한 중대한 결정을 논의하는 자리에서는 컴퓨터나 PPT 없이 순전히 구두 진술만으로 핵심 주장을 펼쳐야 할 때도 있다. 요즘에는 쌍방향 소통이 가능한 화이트보드 시연도 점점 많이 사용되고 있다. 특히 여러 방면으로 의견이 오가고 정보가 교류되는 곳에서 선호한다. 우리는 다양한 커뮤니케이션 방식을 조합함으로써 효과를 배가할 수 있다. 예를 들어 구두 진술을 할 때 화이트보드에 핵심 구조를 그리면서 정보를 전달한다면 커뮤니케이션 효과가 크게 상승할 것이다.

: 비즈니스 커뮤니케이션에 영향을 미치는 요소

효과적인 비즈니스 커뮤니케이션은 치밀한 계획의 결과다. 비즈니스 커뮤니케이션의 표현 형식과 내용을 선택할 때는 외부 영향 요소에 주의해야 한다. 커뮤니케이션에 영향을 미치는 요소에는 기간, 장소, 목적, 선호도 네 가지가 있다.

기간: 프로젝트의 주기와 진전 상황에 따라 커뮤니케이션 방식을 선택하고 내용을 설계한다. 1개월 미만의 단기 프로젝트에서 기간은 간단히 다룰 수 있는 요소이지만, 상사나 고객 등 관계자들의 특성에 포커스를 맞춰 커뮤니케이션 스타일에 적절한 변화를 줘야 한다. 예를 들어 상대가 세부 내용을 중시하는 리더라면 의사소통의 빈도와 강도를 의식적으로 늘려야 한다. 주기가 비교적 긴 1개

도표 9-4 비즈니스 커뮤니케이션의 외부 영향 요소

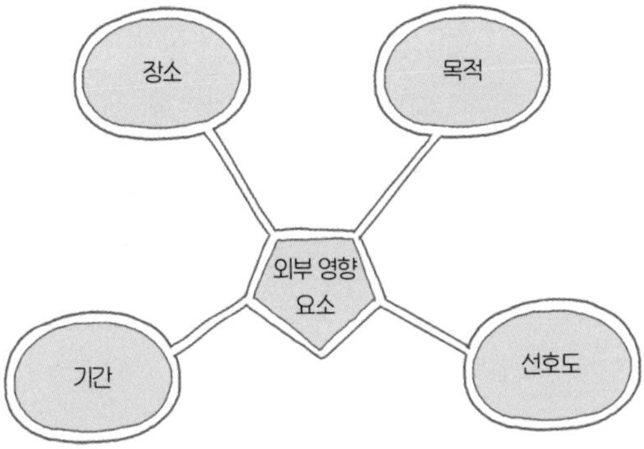

월 이상의 프로젝트라면 관련자와 공식적인 커뮤니케이션 계획을 설계하고, 당사자에게 분명히 알려야 한다.

전형적인 8~10주 길이의 전략 프로젝트는 일반적으로 두 차례 보고를 진행한다. 1개월 전후에 진행하는 중간 보고는 프로젝트의 방향성을 확인하고 관련자와 최신 정보를 공유하는 목적으로 진행된다. 마지막 주에 진행되는 최종 보고에서는 결과물을 제출한다. 이 두 차례의 핵심 보고 외에도 프로젝트 책임자는 의사결정권자와 사전에 정기적인 비공식 커뮤니케이션을 제안할 수 있다. 일주일에 한 번 30분간 전화 혹은 면담, 최소한 이메일 형식으로라도 업무 연락을 주고받음으로써 참여와 피드백 기회를 제공하는 것이다. '먼저 잡는 사람이 임자'라는 말이 있을 정도로 의사결정권자는 늘 바쁘고 시간을 내기 어렵기 때문에 미리 커뮤니케이션 기간을 고려하는 것이 좋다.

장소: 중요한 비즈니스 커뮤니케이션의 경우 반드시 회의 장소와 설비를 미리 준비해야 한다. 회의 참석자를 존중하는 마음에서 프로젝터, 마이크, 좌석 배치, 명패 등 장소를 미리 점검해야 하며, 원격 회의로 참가하는 사람을 위한 화상회의 설비에도 신경을 써야 한다. 참석자들은 바쁜 시간을 쪼개서 왔는데 회의 주최자가 설비를 연결하느라 우왕좌왕한다면 부정적인 인상을 남길 것이다. 참석자들이 시간을 낭비할 뿐 아니라 사소한 부분으로 발표 내용의 질을 의심하게 되므로 첫인상에서 이미 점수를 깎이게 된다. 회의 장소에 미리 적응할 기회가 없다면 책임자가 미리 도착해 준비를

마쳐야 한다. 돌발 사태가 발생하여 설비가 제대로 작동하지 않을 경우, 책임자는 모든 발표 형식을 창의적으로 이용해야 한다. 프로젝터 사용이 여의치 않고 화이트보드도 없으면 플랜 B를 가동하여 미리 준비해둔 종이 자료를 참석자들에게 배부한다. 침착한 태도로 설명하는 동안 팀원들이 설비를 복구하면 된다.

목적: 비즈니스 커뮤니케이션은 결과 지향적이므로 목적을 분명히 해야 한다. 회의 참석자의 동의를 받는 것, 자원 조달 기한을 정하는 것 등 소통에는 다양한 목적이 있을 것이다. 이를 달성하기 위해서는 회의 진행자의 역할이 매우 중요하다. 토론이 지나치게 산만해지면 진행자가 참석자들에게 의제에 집중할 것을 정중히 요청해야 한다. 그런데 회의에서만 집중하는 것으로는 부족하다. 회의에서는 열띠게 토론하다가도 회의가 끝나면 흐지부지해지며 유종의 미를 거두지 못하는 경우가 많다. 중요한 회의는 반드시 회의록을 작성하여 회의 요점을 정리하고, 회의가 끝난 후에는 이를 모든 관계자에게 발송하여 확인해야 한다. 회의록에 빠져서는 안 되는 중요한 부분은 후속 조치에 관한 내용이다. 이때 후속 사항들은 구체적이고, 측정 및 실현 가능하고, 정해진 기간과 책임자가 있어야 한다는 SMART 원칙에 따른다. 이 법칙은 유명한 시간 관리 원칙을 변형한 것이다. 이는 모두 결과 지향적인 것으로, 중대한 의사 결정과 후속 행동을 문자로 기록함으로써 프로젝트가 정해진 계획에 따라 진행되도록 한다.

청중의 커뮤니케이션 선호도: 각 기업의 커뮤니케이션 스타일이 다르므로 프로젝트 팀은 이를 존중하고 적응해야 한다. 중요한 회의일수록 사전에 참석자들의 커뮤니케이션의 선호도와 참석 목적을 파악해야 한다. 가령 어떤 기업은 삼엄한 군대식으로 상급자의 명령에 따르는 경직된 소통 방식을 엄격히 따른다. 이 경우 회의 좌석과 발언 순서도 신경 써서 배치하며, 계급을 건너뛰는 교류를 삼가야 한다. 이런 기업을 상대할 때는 청중의 선호도에 따라 비즈니스 커뮤니케이션 형식을 조정한다. 예를 들어 엄격한 서면 형식을 지키고, 상세한 문서, 공식적인 구두 진술 등을 사용할 수 있다. 커뮤니케이션 습관의 차이로 일부 기업은 비공식적인 브레인스토밍 토론 범위를 동일 직급 내로 최소화하기도 한다. 직급이 다른 사람들 간의 토론은 리더의 한 마디에 모든 것이 결정되는 경우가 많아서 기대하는 효과에 도달하기 어렵다.

비교적 활발한 분위기의 기업, 특히 젊은 층이 많은 IT 기업들은 격식을 배제한 비공식 교류와 업무 토론에 바로 돌입하는 직접적인 교류를 선호한다. 이런 기업을 상대할 때도 청중의 선호도에 따라 비즈니스 커뮤니케이션 방식을 재정립해야 한다. 가령 데이터 중심의 분석과 발표, 영상과 같은 직관적인 미디어를 활용해 주제에 바로 진입하고 속도를 높이는 식으로 대처한다.

지금까지 비즈니스 커뮤니케이션에 영향을 미치는 외부 요소를 소개했다. 마지막으로 정성을 다하는 의사소통의 중요성을 강조하고 싶다. 마지막 단계인 '제출'은 4단계까지 기울인 노력의 최종 결과다. '생각을 정리'한 후 '명료하게 전달'하는 이 과정에서 프로젝트의 성공 여부가 결정된다고 해도 과언이 아니다. 비즈니스 커뮤니케이션에 성공하려면 시간, 공간, 목적과 선호도 등 외부 요소를 고려하여 최선을 다해 임해야 한다. 비즈니스 세계에 지나친 준비, 지나친 예절은 존재하지 않는다. 준비가 부족하고 예의에 어긋나는 것보다는 다소 과한 편이 낫다.

: 비즈니스 커뮤니케이션의 3S 요소

성공적인 비즈니스 커뮤니케이션은 언제나 세심한 준비를 바탕으로 한다. 전략 컨설팅 기업들은 효율적 비즈니스 커뮤니케이션을 매우 중요하게 생각하는데, 우리는 다년간 프로젝트 실전에서 참고할 만한 값진 경험을 쌓았다. 그중에서도 소통에 큰 도움이 되는 맥킨지식 비즈니스 커뮤니케이션 3S 요소를 소개한다.

빈틈없는 전략 Thoughtful Strategy : 비즈니스 커뮤니케이션 시 소통 빈도와 내용에 대해 균형을 유지하는 것이 중요하다. 과도한 소통과 불충분한 소통은 모두 부정적 효과를 초래한다. 또한 내부 교류와 대외 소통이 완전히 다른 교류 방식임을 인식하고 엄격히 구분해야 한다. 대외 소통을 할 때는 인원, 내용, 방식에 명확한 경계를 설정할 필요가 있다. 팀 내부에 대외 교류 규칙을 세우고 소통 창구를 하나로 설정하여 일관된 정보를 전달하며, 프로젝트 내부의 민감한 정보(아직 검증되지 않은 가설 리스트 등)가 외부 유출되지 않도록 방지해야 한다. 대외적으로 교류하는 정보는 핵심적이고 간결해야 한다. 핵심과 무관한 정보는 집중을 방해하고 데이터 오류를 발생시키기 때문이다.

비즈니스 커뮤니케이션에는 여러 전략과 기술이 필요하다. 앞에서 소개한 '리모컨의 비밀' 사례에서 세심한 커뮤니케이션 전략의 필요성에 대해 인지했을 것이다. 중요한 보고를 할 때마다 프로세스를 정하고 역할을 분담해 여러 번의 리허설을 거친 다음 실수 없는 완벽한 프레젠테이션을 하도록 노력해보자.

치밀한 구조 Tight Structure : 효율적인 커뮤니케이션에는 반드시 구조가 있어야 한다. 구조화 사고로 문제를 체계적으로 분석한 후에는 커뮤니케이션 구조를 세우기 위한 기반을 다져야 한다. 뒤에서 소개할 피라미드 원칙, 스토리라인, SCP 모델 등 다양한 비즈니스 커뮤니케이션 도구들은 이러한 구조를 세우는 데 유용하다. 예를 들어 스토리라인은 커뮤니케이션을 5대 요소(왜, 무엇을, 어떻게, 왜 당신인가, 투입과 산출)로 나눈다. 가 요소는 효율적 비즈니스 커뮤니케이션의 기반이자 필수 요소다. 하지만 나는 결코 이 프레임들을 기계적으로 따르기를 권하지 않는다. 소통에는 기술로 설명하기 어려운 세심한 부분이 있기 때문이다. 그러나 치밀한 구조를 기반으로 커뮤니케이션 스타일을 발전시킨다면 더욱 완벽에 가까운 기술을 체득할 수 있을 것이다.

전문적 스타일 Professional Style: 소통의 방식이 다르듯 전문적 스타일에도 각자 특색이 있다. PPT만 해도 컨설팅 기업에서는 스타일의 통일성을 강조한다. 정상급 컨설팅 기업들은 대부분 자사에서 전용으로 사용하는 색이 있다. 맥킨지는 푸른색, 보스턴컨설팅그룹은 녹색, 베인앤컴퍼니Bain & Company는 붉은색을 주로 사용한다. 이런 색채들은 자료에 시각적 통일성을 부여하고 브랜드 인식을 강화한다. 색깔 외에는 주로 '간결함'이 강조된다. 화려한 스타일에 집착하지 않고 양질의 내용과 비즈니스 인사이트로 상대를 설득한다. 보는 사람의 주의력을 분산시키는 복잡한 장식은 금물이다. 크기가 천차만별인 폰트, 화려한 색채, 팝업 방식으로 등장했다 사라지는 애니메이션 효과 등 보여주기식 요소는 배제해야 한다. 구두 진술 시에는 일상 대화와는 달리 말투, 정서, 어휘까지 신경을 써서 전문성에 부합하는 스타일을 갖춰야 한다.

: 비즈니스 커뮤니케이션 도구

피라미드 원칙

피라미드 원칙을 소개한 책들이 많이 있는데 그중에서도 맥킨지 컨설턴트 출신 바바라 민토의 《논리의 기술》이 유명하다. 이 책에서 다루는 하향식 분류 방법이든 전통적인 상향식 귀납적 방식이든, 최종 결과는 모두 피라미드 모양이나 나무 모양의 구조로 표현된다(도표 9-6 참조). 방법은 다르지만 같은 결과가 도출되는 현상은 이 간단한 원리의 보편성을 보여준다. 효율적 비즈니스 커뮤니케이션의 관점에서 전문성을 갖춘 소통자는 기본적으로 위에서 아래로, 논점이 선행하는 소통 순서를 따른다. 즉 요점을 먼저 말하고 지지하는 논점과 논거로 설명하는 방식을 취한다.

피라미드 구조의 각 층은 위층에 대해 MECE 원칙을 따라야 한다. 모든 논거는 상호 독립적이고 겹치지 않으며, 더하면 상층 노드의 모든 내용이 담긴다. 중복이 있다면 논리에 심각한 오류가 생긴다. 가령 '사람들의 생활수준을 어떻게 향상할 것인가' 하는 문제에 첫 번째 분류가 '교사의 생활수준을 어떻게 향상할 것인가'이고 두 번째 분류가 '남자의 생활수준을 어떻게 향상할 것인가'라면, 상호 독립적이고 겹치지 않아야 하는 원칙을 위반한 것이다. 그런데 비즈니스 커뮤니케이션에서는 '누락 없이 전체를 이뤄야 한다'는 MECE 원칙이 상대적으로 느슨하게 적용된다. 커뮤니케이션을 할 때 모든 가능성을 누락 없이 다룰 경우, 토론이 늘어지고 핵심

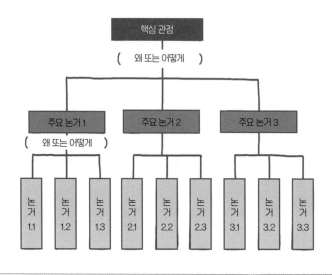

이 부각되지 않을 우려가 있기에 가장 중요한 부분을 적절히 선택해 전달해야 한다.

만약 우리가 미국 기업 제너럴 일렉트릭의 성공 요인에 관한 글을 쓴다고 가정해보자. 그중에서도 인적자원관리 특징을 중점적으로 다룰 예정이다. 이때 피라미드 원칙을 활용해 커뮤니케이션 구조를 세울 수 있다. MECE 원칙으로 '기업의 성공 요인' 문제의 하위 카테고리를 구축하고 문제의 거시적 구조를 살펴본다. '인적자원관리'는 기업 내부의 관리 능력에 따라 문제를 분류한 것으로, 이와 같은 층에 있는 하위 카테고리는 연구개발, 생산 제조, 판매 시장, 서비스 등이 있을 수 있다. 이번에는 인적자원관리에 집중하기로 했기 때문에 해당 요소의 하위 카테고리도 승계 계획, 구성원

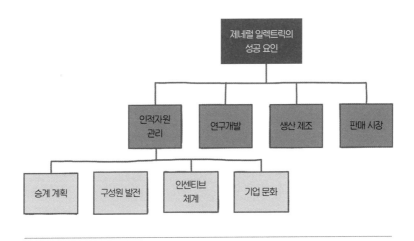

발전, 인센티브 체계, 기업 문화 등으로 분류했다(도표 9-7 참조).

제네럴 일렉트릭 성공 요인이라는 주제를 다룰 때 글머리에 1차 분류 개요를 간략하게 추가하는 것이 좋다.

"세계적인 기업들이 성공할 수 있었던 요소는 다양하다. 그들은 내부 관리에 있어 인적자원관리, 연구개발, 제조와 서비스 등 다양한 내부 직능의 우위를 갖추고 있다. 제네럴 일렉트릭은 인적자원 관리 측면에서 뚜렷한 특징이 부각되며……."

개요를 추가함으로써 작성자가 기업 내부 관리를 전면적으로 인지하고 있음을 보여주어 글의 전문성을 높일 수 있다. 복잡한 구조를 구축할 때 피라미드 원칙은 최고의 선택이다. 책을 쓸 때도 먼저 개요를 정리해 구조를 명확히 한 후 구체적인 내용을 채워가면 저자는 순조로운 글쓰기를 할 수 있고 독자도 저자의 생각을 따라가기 쉽다. 피라미드 원칙은 읽기 속도를 높이는 데 도움을 주기도 한다. 우리는 날마다 모바일 기기로 수많은 글들을 읽는다. 긴 글이 나오면 글의 소제목을 먼저 읽는데, 이런 소제목은 알고 보면 피라미드 구조의 분기점 또는 부차적인 논점이다.

스토리라인

비즈니스 커뮤니케이션의 본질은 곧 스토리텔링이다. 오늘날 창업이나 투자와 관련해서 스토리텔링에 능하다는 말은 약간은 폄하의 의미로 쓰이기도 한다. 그럴듯한 기술과 내용으로 투자자들의 신뢰를 얻는 사기꾼들이 많기 때문일 것이다. 그래서인지 스토리텔링 능력과 현실 업무 능력을 대척점에 놓는 사람들도 있다. 그러나 스토리텔링은 창업자가 성공을 거두기 위해 반드시 습득해야 할 능력이다. 스토리텔링에 약해서 실패했다면 커뮤니케이션 능력이 부족한 탓이니 인정하고 기술을 발전시켜야 한다. 일을 열심히 하고 능력 있는 사람이 훌륭한 스토리텔링도 할 수 있다.

스토리라인은 스토리의 핵심 요소를 자주 사용하는 순서대로 연결한 것이다. 사업 제안서는 스토리라인 원칙에 맞게 작성해야 한다. 일반적으로 스토리라인은 5W2H 분석법(7가지 질문 분석법)의 축소 버전이다. 5W2H는 왜Why, 무엇을What, 누가Who, 언제When, 어디에서Where, 어떻게How, 얼마나How much를 의미한다. 그중 언제, 어디에서는 어떻게How에 포함해도 무방하기 때문에 여기서는 5W2H를 3W2H로 단순화했다(도표 9-8 참조).

도표 9-8 스토리라인 3W2H

왜 Why	무엇을 What	어떻게 해결하는가 How	왜 당신인가 Who	투입과 산출 How much
•어떤 문제를 해결하며, 시장이 얼마나 큰지	•솔루션 제품과 서비스 설명	•어떤 원리와 방법, 비즈니스 모델인지	•경쟁 우위 분석	•자금이 얼마나 필요하며, 언제 회수할 수 있는지

각 요소에 담긴 의미는 이해하기 쉬운 편이다. 지금부터 온라인 아동 영어 학습 플랫폼을 구축한다고 가정하고, 투자 유치를 위한 사업 제안서에 어떻게 스토리라인 요소를 활용할 수 있을지 설명해보겠다.

왜: 온라인 아동 영어 학습 서비스를 왜 출시하려고 하며, 아직 충족되지 않은 시장 수요에는 어떤 것이 있을까? 아동 영어 학습은 비탄력적 수요에 속한다. 오프라인 학원은 상호작용 요소는 강한 반면 강사의 자질이 들쭉날쭉하고(우수한 원어민 교사 수 부족), 시간과 장소의 제약을 받으며, 위생 관리 측면에서 어려움이 있다.

무엇을: 어떤 서비스로 이 수요를 충족시킬 것인가? 오프라인 영어 교육을 온라인 학습으로 보완하고, 자체 개발한 수업 관리 시스템 및 소그룹 수업 실시간 중계, 상호작용 시스템으로 수업의 질을 높인다. 원어민 교사가 현지 교재로 수업을 진행하여, 양질의 수업과 교재, 서비스를 제공한다.

어떻게: 해당 온라인 서비스를 어떻게 제작할 것이며, 비즈니스 모델은 무엇인가? 원어민 교사 한 사람이 여러 명의 학생과 수업하는 소그룹 모델을 채택하여 높은 수익을 확보한다. 고품질의 무료 콘텐츠를 개방해 회원 모집 비용을 낮춘다. 강력한 정보력과 최상의 교육 연구 능력 및 서비스 경험으로 업계를 선도하는 플랫폼을 구축한다.

왜 당신인가: 이 서비스가 기존 경쟁 제품이나 잠재 진입자들보다 우월한 이유는 무엇인가? 우수한 강사진, 다년간 축적한 온라인 교육 경험이 경쟁 우위다. 그 외에 핵심 전략 투자자들의 강한 협력으로 오프라인에서 유입을 유도할 수 있다.

얼마나: 회사가 필요한 자금 및 투자회수율ROI은 얼마인가? 재무 모델은 이 사업에 엄청난 수익 능력이 있음을 말해준다. 재무 모델을 제공하고 원가 구조와 기본 가설에 초점을 맞춘다.

스토리라인의 핵심 요소들을 연결하면 엘리베이터 피치와 일맥상통한다. 1분 안에 복잡한 주장을 전달해야 하는 엘리베이터 피치는 간단한 것처럼 보여도 구조화 훈련이 되어 있지 않은 사람에게는 쉽지 않다. 비즈니스 주장(스토리)의 핵심 요소를 완벽히 이해하고 질문의 답을 한두 마디로 짧게 요약하되 앞뒤 문맥이 자연스럽게 연결되어야 하기 때문이다. 엘리베이터 같은 장소에서도 침착하고 완벽하게 왜, 무엇을, 어떻게 등 스토리라인으로 핵심을 전달할 수 있어야 한다.

SCP 모델

스토리라인 요소 중 '왜?'에는 특별히 중요한 의미가 있으므로 주목해볼 필요가 있다. 스토리라인의 다른 요소들의 순서는 조정해도 되지만 처음은 '왜?' 요소로 시작할 것을 권한다. 성공적인 제안서는 모두 서두에 숨겨진 제목이 있다. 일명 '이 시장은 혹독한 세계'다라는 제목으로, 여기서 '혹독한 세계'는 '왜'라는 질문에 직접 대답한 것이다. 더 자세히 말해서 우리 제품과 서비스의 아이디어가 시장의 수요에서 시작된 것이며, 아직 충족되지 않은 소비자의 니즈를 해결할 수 있다는 의미다. 뒤집어 생각하면, '혹독한 세계'가 아니라 모든 니즈가 완벽하게 충족된 완벽한 세상이라면 우리의 새로운 제품과 서비스는 전혀 필요 없다는 뜻이기도 하다.

'수요 중심'과 '제품 중심' 발상은 그 관점이 다르다. 신제품 소개 서두에 먼저 제품의 우수성을 강조하고 틀림없이 잘 팔릴 거라는 주장부터 펼친다면, 이는 제품 중심의 위험한 발상이 투영된 것이다. 얼마 전 거대 IT 기업들이 인큐베이팅하는 스타트업들을 컨설팅한 적이 있었다. 그런데 그중에는 제품 중심의 관점을 가진 창업자들이 적지 않았다. 그들은 자신들의 제품이 시장에서 틀림없이 인기가 높을 거라고 믿고 있었다. 이들은 고객 수요보다는 플랫폼의 유입량이 마케팅과 고객 유치의 만능 키라고 여긴다. 이런 창업자들은 처음부터 시장의 비탄력적 수요를 무시하고 전략 방향을 잘못 잡았기 때문에 대부분 오래가지 못한다.

'왜?'를 분명히 밝히고 이 '혹독한 세계'를 묘사하는 것은 결코 쉬운 일이 아니다. 이를 위해 시장을 제대로 파악하고 설명할 수 있는 스토리텔링 SCP 모델을 소개한다. SCP 모델은 구조Structure, 행동Conduct, 성과Performance 세 요소로 이루어져 있으며, 업계 현황을 묘사하는 데 주로 사용된다(도표 9-9 참조).

구조: 한 업계의 전반적인 비즈니스 모델을 묘사한다. 이때 산업 매력도를 판단하는 포터의 5가지 경쟁요인 모델을 사용해 설명할 수 있다. 이어서 대다수 기업의 기본 비즈니스 모델을 분석한다. 여기에는 경자산asset-light 혹은 중자산asset-heavy, 기술력, 브랜드 인지도, 현금흐름 요구 등이 포함된다.

행동: 주요 비즈니스 모델을 구축한 선도기업들은 어떤 전략으로 시장점유율을 쟁취하며, 지키고 있는가? 관리 전략에는 과학기술 장벽, IP 브랜드 영향력, 운영 경험과 원가 우위, 대규모 생산 등이 있다.

성과: 주요 경쟁자들의 재무 실적과 비재무 실적은 어떠한가? 재무 실적은 수익 상황, 예측되는 성장률 등으로 파악하기 쉬운 편

도표 9-9 SCP 모델

구조 Structure	행동 Conduct	성과 Performance
업계의 핵심 비즈니스 모델은 무엇인가?	기업의 주요 관리 전략은 무엇인가?	성과를 측정하는 기준은 무엇인가?

이다. 비재무 실적에는 고객 유동량, 활약도, 브랜드 영향력 등, 직접 금액으로 환산할 수 없는 가치가 포함된다.

SCP 모델은 세 가지 기준으로 특정 산업의 상황을 묘사하는 모형이다. 그렇다면 이러한 업계 상황에서 어떻게 '충족되지 않은 비탄력적 수요'를 찾아낼 수 있을까? 해결 방법은 SCP 모델에 '충격 Impact'을 추가하여 '왜'를 설명하는 것이다. 충격이란 본질적으로 기존 산업 균형에 영향을 미치거나 이를 완전히 전복하는 요소를 말한다. 신규 소비자 수요가 출현하거나, 기존 소비자의 소비 습관과 스타일에 변화가 발생하는 것이 대표적인 충격 요소인데, 소비 수준 향상으로 고객들의 커피 소비가 늘자 기존 음료 산업이 충격을 입게 된 것을 예로 들 수 있다. 거시경제 환경의 변화, 정부 정책의 변화, 예측하지 못한 대규모 사건도 업계에 거대한 충격을 미친다. 정책 측면에서 정부가 특정 업계를 본격적으로 지원하면서 자본을 쏟아붓고 세금 우대 정책을 실시하면 산업구조에 직접적인 충격이 올 수 있다.

SCP에 충격Impact 요소를 더한 'SCP+I 모델'(도표 9-10 참조)의 스토리 서술 순서는 다음과 같다. 먼저 SCP 모델 순서에 따라 시장의 전체 그림을 설명한다. 첫째, 업계 특색과 비즈니스 모델을 언급한다. 둘째, 주요 기업들이 이 업계에서 어떤 방식으로 생존하는지 소개한다. 셋째, 각 기업의 실적이 어떠한지 이야기한다. SCP를 모두 언급했으니 그다음 이 시장에 등장한 새로운 '충격'을 제시한다.

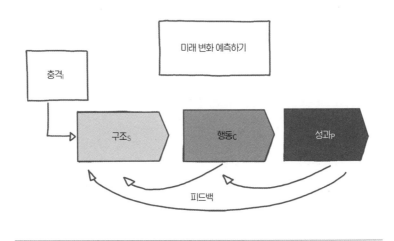

이 충격으로 시장의 균형이 깨졌고, 기존 제품은 새로운 수요를 만족할 수 없으며, 새로운 제품 및 서비스로 신규 수요를 충족시킬 수 있음을 제안한다.

SCP+I 모델을 활용한 사례를 알아보자. 각 기업의 이름을 내건 뮤직 페스티벌은 대부분 야외에서 진행되는 대형 축제다. 그렇다면 뮤직 페스티벌 사업으로 어떻게 돈을 벌 수 있을까? 이 시장에는 새로운 기회가 있을까? 뮤직 페스티벌 시장을 SCP+I 모델로 분석해보자(이는 단순 예시에 불과하며, 심층 연구가 필요하다).

우리는 완전히 새로운 뮤직 페스티벌을 설계할 것이다. 사업 제안서에는 스토리라인의 첫 번째 질문, 즉 '시장은 왜 새로운 뮤직 페스티벌을 필요로 하는가'부터 대답해야 한다. 제안서의 서술은 이렇게 시작한다.

요약문: 뮤직 페스티벌 시장은 상대적으로 힘든 분야로, 기존 종사자들은 대부분 적자에 허덕이거나 낮은 수익 상태에 머문다.

구조 : 뮤직 페스티벌 시장은 진입 문턱이 비교적 낮아 잠재적 투자자들은 대규모로 투자하면 성공할 수 있다고 오해한다. 또한 경자산의 산업에 속하지만 자체 브랜드와 전문 운영 능력, 그리고 원가 제어 능력이 강해야 한다. 새로운 브랜드가 수익 분기점에 도달하려면 3~5년 이상 걸리기 때문에 수익 주기도 길다.

행동: 이 분야의 선도기업인 M 엔터테인먼트는 포크 음악에 집중해 고정 팬을 확보함으로써 어느 정도 브랜드 호소력을 갖췄다. 여기에 다년간의 운영 경험과 원가 제어 능력을 통해 순조로운 발전 추세를 보이고 있다. 단순히 자본이나 정부 지원에만 의존하여 진입했다면 자리 잡기 어려웠을 것이다.

성과: 뮤직 페스티벌 분야는 영화나 드라마 같은 다른 엔터테인먼트 분야에 비해 규모가 작고 업계 전반의 수익은 낮은 편이다.

충격: 최근 시장에 새로운 변화가 발생했다. 새로운 니즈를 가진 MZ세대들이 뮤직 페스티벌 주력 소비층으로 떠오른 것이다. 이들은 대중적인 음악 및 다양한 스타일과 크로스오버(익스트림 스포츠 등)를 선호한다. 현재 뮤직 페스티벌은 1970~80년대생을 주 타깃으로 하기 때문에 새로운 소비층의 수요를 전혀 충족할 수 없다.

SCP+I 모델로 설명하고 보니 '혹독한 세계'가 생생하게 드러난다. 새로운 페스티벌에는 반드시 '충격' 부분에서 언급한 소비자 니즈가 반영되어야 한다. 이후 스토리라인을 활용해 다른 요소도 설명한다. 어떤 뮤직 페스티벌로 새로운 수요 변화에 대응해야 할까? 우리가 기획한 페스티벌은 어떻게 수요를 충족할 수 있을까? 다른 사람이 할 수 없는 것을 우리는 왜 할 수 있을까? 이러한 설명이 끝나면 마지막으로 필요한 자금과 투자회수율을 언급한다.

훌륭한 스토리텔링의 기본 법칙은 스토리라인에 SCP+I 모델을 더한 것이다. 제안서에는 스토리라인 5대 요소가 반드시 들어가야 하는데, 그중 첫 번째 요소인 '왜'를 더 명확히 설명하도록 돕는 도구가 SCP+I 모델이다. 스토리텔링은 청중 유형과 실제 상황에 따라 간략하게 줄이거나 좀 더 자세히 언급할 수 있다.

점·선 개요

스토리라인을 보완할 수 있는 표현 도구인 점·선 개요를 간단히 소개하겠다. 점·선 개요는 컨설팅 기업 내부에서 많이 활용하는 커뮤니케이션 형식으로, 전략 핵심 분석을 전달하는 데 사용된다. 스토리라인이나 피라미드 구조를 문서로 기록할 때 쓰는 표현 형식이기도 하다. 점·선 개요는 피라미드 구조나 로직 트리를 그릴 필요가 없기 때문에 이메일이나 문자 메시지로 소통할 때 더욱 편리하게 사용할 수 있다.

점과 선은 각각 핵심 논점과 부차적 논점을 표현하는 기호다. 점 뒤에는 통찰해 낸 결과인 핵심 논점을 적는다. 이럴 때 보통 '재무 상황'이나 '팀 구성' 같은 간단한 표현을 적고 콜론(:) 부호로 뒤에 상세한 설명을 덧붙이는데, 사실 이런 방법은 여기서 제시하는 점·선 개요 사용법에는 어긋난다. 요점에 반드시 들어야 할 설명이 빠졌기 때문에 독자들은 선으로 시작되는 세부 단계에서 한 번 더 내용을 다듬고 결론을 내야 한다. 이렇게 되면 커뮤니케이션에 더 많은 노력이 들어간다. 점 아래에 표시하는 선은 점의 다음 차원에서 제시하는 부차적 논점 또는 논거다. 이 논점들은 모두 MECE 원칙을 따라야 한다. 흔히 볼 수 있는 논리의 오류는 각각 다른 차원의 논점이 혼재되어서 발생하는 것이다.

컨설팅 기업에서 점·선 개요를 광범위하게 사용한다는 사실은 이 기업들의 결과 지향적인 스타일을 보여준다. 모든 관점이 아직 가설 상태에 있는 프로젝트 초기에도 팀 내부에서는 솔루션 구조와 논리의 엄밀성을 강조한다. 프로젝트 매니저는 팀원들에게 기존 가설이 모두 성립된 상황에서 전체 솔루션의 논리가 무엇인지 늘 질문한다. 스토리라인은 이런 소통의 프레임이며, 점·선 개요는 스토리라인에 대한 내부 소통 방식이다. 스토리라인과 점·선 개요는

도표 9-11 점·선 개요

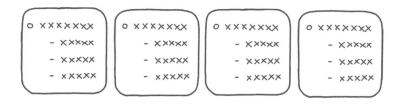

최종 버전을 확인할 때까지 여러 차례 수정을 거친다. 이 과정에서 점·선 개요는 팀 내부 소통의 핵심 도구로 쓰인다.

⠿ 단순하면서도 세심하게 접근하라

핵심만 남기는 '단순화 원칙'

복잡한 것을 단순화하는 것은 비판적 사고자들이 효율적인 커뮤니케이션을 위해 반드시 갖춰야 할 능력이다. 이 능력은 하루아침에 생기지 않으므로 의식적으로 훈련하고 키워가야 한다. 복잡성은 우리의 익숙한 공간까지 점령했다. 일상생활에서 우리는 너무나 많은 선택지와 정보를 마주한다. 모바일 쇼핑몰에서 상품을 하나 구매하려고 한참 화면을 스크롤을 해도 제품 정보가 끝없이 등장한다. 많은 카테고리와 정보가 있어 상품 종류가 풍부하다는 느낌을 주긴 하지만, 이같이 나열된 정보들은 소비자의 선택을 어렵게 만드는 거대한 장애물이 되기도 한다.

단순화 원칙은 트렌트와도 맞아떨어진다. 미국의 컨설팅 기업 아웃로 컨설팅Outlaw Consulting은 1980~90년대생 소비자에 관한 연구에서 주류 소비자는 업체의 '직접적이고 단순한 커뮤니케이션'을 높이 평가한다는 사실을 발견했으며, 단순화 원칙을 따르고 있는 미국의 브랜드를 제시하기도 했다. 단순함의 대가, 애플의 스티브 잡스는 이런 말을 했다. "집중하려면 'No'라고 말해야 한다. 집중의 결과가 바로 위대한 제품이며, 이 제품의 가치는 모든 부품을 합친 가치보다 훨씬 크다." 애플의 제품들은 단순함의 원리에서 나왔다. 우리는 고객에게 더 많은 제품이나 서비스를 제공해야 한다는 생각을 버리고 어떤 것을 버리고 정리할지 생각해야 한다.

단순함이 중요하다는 것에 다들 공감을 하지만 막상 실천하기는 어렵다. 커뮤니케이션을 할 때 대중을 위해 미리 핵심을 선택하고 정리하는 작업을 거쳐야 하는데 그 과정이 만만치 않다. 게다가 개인의 독특한 개성을 중시하는 트렌드 속에서 간결함과 개성 사이에서 어떻게 균형을 유지하느냐도 반드시 직면하는 문제다. 그러나 몇 가지 원칙을 지킨다면 이런 문제를 더욱 수월하게 해결할 수 있을 것이다. 비즈니스 커뮤니케이션 전문가인 앨런 시겔은 저서 《심플》에서 단순한 커뮤니케이션을 위한 세 가지 기본 원칙을 제안했다. 그것이 바로 단순화 원칙인 '공감하기', '핵심만 거르기', '명료하게 말하기'다.

공감하기: 창업자는 고객의 관점에서 제품과 서비스를 바라보아야 한다. 고객 접점을 자세히 살펴, 제품을 사용하는 전 사이클 내에 고객이 맞닥뜨릴 수 있는 문제나 니즈를 입장 바꿔 생각해보는 것이다. 창업자는 고객의 시각에서 그들의 문제와 니즈를 공감하고 그에 대한 대응을 미리 생각하고 즉시 소통해야 한다.

핵심만 거르기: 커뮤니케이션 내용을 반복해서 다듬어야 한다. 기업은 그 가치를 해치지 않는 선에서 소비자에게 최소한의 정보와

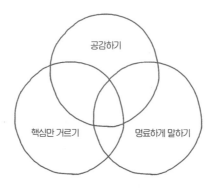

선택지를 제공해야 한다. 미국의 오프라인 마켓 트레이더 조Trader Joe's가 성공할 수 있었던 핵심 전략은 상품 종류를 단순화한 것이다. 트레이더 조의 모든 오프라인 매장은 엄선한 단품 4천여 종만 취급하는데, 이는 동종 업계의 10분의 1 수준이다. 소비자의 구매 기준과 소비 습관을 훤히 꿰뚫고 소비자를 위해 상품을 미리 선택해놓은 것이다. 또한 지속적인 커뮤니케이션을 통해 상품 리스트를 계속 업데이트한다. 핵심만 거르기는 의식적인 사고 과정으로, 어느 정도의 창의성이 필요하다. 10장에서 이를 더 깊이 있게 다룰 것이다.

명료하게 말하기: 논리를 갖추어 명료하게 전달하지만 동시에 따뜻함과 신뢰감을 주며 솔직하게 말한다. 전문 용어보다는 일상 용어를 사용함으로써 듣는 사람에게 경직되고 밋밋한 느낌을 주지 않도록 한다.

문서의 형식을 통일하라

맥킨지에서는 문서의 형식과 같은 세밀한 부분까지 신경 써서 준비한다. 맥킨지에서 사용하는 PPT 문서(구체적인 고객 정보는 삭제함)[13]를 소개하고, 어떤 세부 형식을 사용하는지 살펴보면서 문서 작성 스킬에 대해 이야기할 것이다(도표 9-13 참조). 다음에 나오는 PPT는 다차원 핵심 맵은 아니지만, 실제 문서에서 많이 볼 수 있는 형식의 시장연구 보고서다. 흔한 스타일이지만 디테일한 부분을 자세히 관찰하면 시사하는 바가 있을 것이다. 위부터 아래 방향으로, 중심에서 주변 방향으로 그 안에 담긴 요소를 살펴보자.

제목: 각 페이지에는 반드시 제목이 있어야 한다. 제목은 읽는 사람에게 이 페이지에서 전달하는 중심 관점을 제공해야 한다. 판단과 관점이 누락한 단어(예를 들어 '시장연구 결과')로 제목을 지을 경우, 읽는 사람은 내용 전체를 자세히 읽어야 핵심 관점을 파악할 수 있게 된다. 이는 불필요한 모호함과 독자의 불만을 유발할 수 있다. 도표 9-13에서 PPT 제목은 "소비자 리서치 결과 귀하의 브랜드는 건강한 것으로 나타남"이라는 정보를 명백히 알려주는 판단문 형식으로 쓰였다.

도표: 도표는 강력한 시각적 효과와 이해하기 쉽다는 장점이 있다. 맥킨지에서는 주로 숫자를 그래프로 시각화해서 나타낸다. 예시로 든 막대그래프는 연구 결과를 종합한 것으로 제목의 핵심 관점을 지지한다. PPT 문서를 작성할 때는 기존 도표를 그대로 첨

부하는 행동을 피해야 한다. 단순화 원칙에 따라 도표를 수정하여 '브랜드는 건강하다'는 주제와 관련 없는 데이터는 도표에서 전부 제거해야 한다. 가독성을 높이기 위한 가장 기초적인 시각적 효과만 준다. 예시의 막대그래프는 가독성을 위해 내림차순으로 배열했다.

색과 폰트: 맥킨지에서는 문서 작성 시 블루 계열을 사용하며, 특별한 상황에서만 붉은색 등 다른 색을 써서 요점을 부각시킨다. 다른 컨설팅 기업들도 기업 브랜드의 특징을 부각하는 고유의 색깔을 사용한다. 또한 폰트 크기도 통일해야 한다. 대제목과 소제목, 주석을 제외한 텍스트는 일반적으로 같은 폰트 크기를 사용한다.

소제목, 출처, 페이지 넘버: 예시를 보면 도표 단위 설명, 초기 성

도표 9-13 PPT 문서 예시

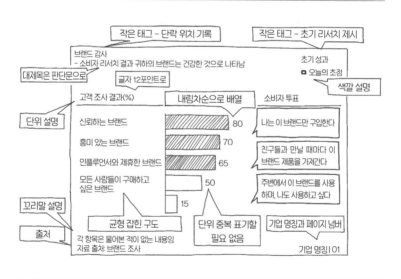

과의 해석, 단락 위치 표기, 출처 및 페이지 넘버 등 보조 표기들이 많다. 소제목은 부가 정보를 제공하여 가독성을 높인다. 모든 숫자와 인용은 반드시 그 출처를 밝혀야 한다. 만약 내부 연구로 도출한 결과라면 출처에 '팀 연구'로 표기한다. 페이지 넘버도 상당히 중요하기 때문에 모든 문서에 정확히 표기해야 한다. 그렇지 않으면 고객과 특정 사안을 이야기할 때, 특히 전화 회의 시 번거로워질 수 있다.

PPT 예시를 분석해보면서 맥킨지가 세부적인 형식과 체계를 얼마나 중시하는지 느꼈을 것이다. 스타일에는 맞고 틀리거나 절대적인 구분이 없다. 요즘은 PPT에서 더 나아가 여러 미디어를 활용한 커뮤니케이션도 증가하는 추세다. 그러나 어떤 구현 방식과 스타일이든, 단순화 원칙과 피라미드 원칙, 스토리라인, SCP 모델과 점·선 개요 등 지금까지 살펴본 도구들은 직장에서 커뮤니케이션 능력을 향상하는 데 큰 도움이 될 것이다.

마지막으로 이제 새로운 맥킨지 5단계 기법의 한계점에 대해 설명하고자 한다. 새로운 맥킨지 5단계 기법은 효과적인 프로젝트 관리 방법으로, 문제 해결에 보편적으로 적용되는 방법론 중 하나다. 그러나 이 기법이 결코 유일한 방법은 아니며, 모든 상황에서 가장 효과적이라고 할 수도 없다. 과거 선례가 없고 난이도가 큰 전략적 문제를 해결할 때 이 기법을 이용하면 자신감을 갖고 대담한 가설을 설정하고 검증한 후 빠르게 솔루션을 생성할 수 있다. 그러나 이 기법은 인지 방법론으로서 지식 습득을 가속화할 뿐이지 구체적인 지식의 역할 및 기능과 결코 동일하지 않다.

반복해서 발생하는 전문적인 문제에 임할 때 더 좋은 선택은 이미 충분한 지식을 축적한 전문가에게 자문을 구하는 것이다. 전문가들은 한 분야를 체계적으로 학습하여 지식을 축적했으며, 업계 최적의 솔루션으로 문제를 해결할 수 있다. 가령 5단계 기법을 사용해 문제 정의 단계에서 '화성에 이민을 갈 수 있을까'라는 주제로 토론은 할 수 있지만, 화성행 우주선의 실제 로켓 설계 프로젝트는 반드시 전문가가 주도해야 한다.

전략적 사고와 전문적 사고는 서로 상충하지 않는 상호 보완적인 관계다. 만약 전문적 지식을 기반으로 이 책에서 말하는 전략적 사고를 숙지하여 활용한다면, 과학기술과 더불어 전략적 시각까지 갖출 수 있으니 직장에서 가장 환영받는 복합형 인재로 거듭날 것이다.

10장

논리적 사고를 위한
10가지 습관

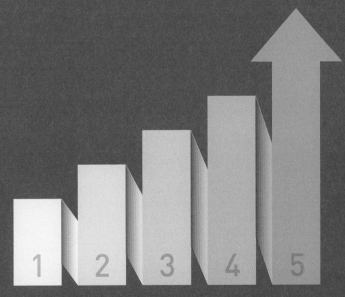

반대할 책임을
가져라

감히 알려고 하라.

— 임마누엘 칸트

　세상에는 비판적 사고자와 구경꾼 두 종류의 사람들이 있다. 구
조화 전략 사고 능력을 갖춘 비판적 사고자는 눈을 크게 뜨고 주
변에서 일어나는 일을 살펴보고, 이를 통해 자신의 관점을 형성하
여 변화를 일으킨다. 반면 구경꾼은 간단한 길을 택하고 깊은 사고
를 포기해 남들을 따라가는 상태에 머문다. 머리를 쥐어짤 필요가
없어서 편하다고 생각할 수도 있지만, 비판적 사고자들은 생각을
정리하고 명료하게 말하며 적절히 행동하는 장점을 활용해 치열한

경쟁에서 승리하고 시대를 이끌어간다.

그렇다면 일상생활과 업무에서 어떻게 논리적 사고 습관을 키우고 행동 지침으로 삼을 수 있을까? 맥킨지는 크로스오버에 능한 슬래시족들이 모이는 곳이다. 이는 맥킨지의 인재 선별 및 양성 방식과 관련이 깊다. 맥킨지는 고객에게 지속적인 가치를 제공한다는 목표와 더불어 개인의 발전을 강조한다. 이러한 관점은 맥킨지의 기업 비전에서도 드러난다. "매력 있고 성장을 도울 수 있으며, 사람을 들뜨게 하고, 탁월한 인재가 머물 수 있는 위대한 기업을 세우고자 한다." 기업 비전에서 탁월한 인재 유치를 우선적으로 여긴다는 표현이 눈에 띈다.

이 장에서는 맥킨지의 인재관을 통해 실제 경험에서 논리력을 기르기 위해 필요한 10가지 습관을 소개한다. 여기서 강조하는 요점들은 대부분 맥킨지 내부에서 실제로 사용하는 표현이다. 작은 습관부터 익혀나가면 구조화 전략 사고를 전면적으로 체득하여 마침내 비판적으로 사고하는 사람이 될 수 있을 것이다.

: 나만의 관점이 필요하다

반대할 책임이란 기업 내부의 커뮤니케이션 과정에서 반대 의견을 용기 있게 말하는 것을 의미한다. 이렇게 이의를 제기하는 것은 이제 더는 선택이 아니라 마땅히 행해야 할 책임이다. 다시 말해 당신에게 다른 아이디어가 있거나 핵심 데이터를 손에 쥐고 있으면 서도 각종 압박에 눌려 침묵한다면 이는 중대한 직무 유기다. 반대할 책임은 맥킨지가 기업 문화의 기초로 삼는 중요한 원칙이며, 개인이 구조화 전략적 사고를 익히는 데 필수적인 습관이다.

반대할 책임을 습관으로 삼으려면 먼저 자신만의 관점이 있어야 한다. 새로운 맥킨지 5단계 기법의 각 단계마다 우리는 현재 방향이 합리적인지 여부를 판단하고 즉시 의견을 제시해야 한다. 우리는 과연 어떤 문제를 해결하고 있는가? 이 문제를 해결하는 방법이 MECE 원칙에 부합한가? 다른 더 좋은 해법은 없을까? 각종 가설을 논증하는 과정은 합리적인가? 솔루션 제출 과정에서 맞닥뜨릴 수 있는 문제는 무엇일까? 3장에서 숫자와 데이터를 의심하고 검증해야 한다고 언급했는데, 데이터에 오류가 있음이 증명됐을 때 비판적 사고자는 조금도 지체하지 않고 이 사실을 밝혀야 한다.

이러한 습관은 구조화 사고 능력을 강화시켜준다. 다양한 의견을 제시하려면 여러 원칙과 프레임을 사용해야 한다. 이때 의견은 판단일 수도 있고, 가설일 수도 있다. 가설이라면 어떻게 데이터와 논리를 이용하여 가설을 검증할지를 밝혀야 하고, 검증을 거친 확실한 소견일 경우 효율적인 커뮤니케이션 방법을 취해야 한다. 스토리라인과 SCP 모델 등 커뮤니케이션 프레임을 이용해 단순화 원칙에 따라 커뮤니케이션의 내용과 방식을 최적화한다. 이렇게 하면 문제 자체에 집중하여 사람보다는 일의 본질에 충실할 수 있다. 이런 식으로 계속 의견을 교류하다 보면 구조화 사고 능력이 자연스럽게 향상된다. 또한 구조화 사고 능력을 갖추면 올바른 문제 관념이 생겨 전문 지식이 부재해도 적극적으로 문제를 해결하는 비판적 사고자가 된다. 분류의 기술과 MECE 원칙은 복잡한 문제에 자신 있게 도전하게 해준다.

반대할 책임은 기업에도 무척 중요하다. 만약 기업 내부에 한 가지 의견만 존재한다면 그런 과정으로 결정된 사안은 위험하다. 다양한 목소리가 부족한 상황은 위기를 미리 알려주는 경보 시스템을 잃어버린 것이나 마찬가지다. 역사 속에도 독단적인 행보를 강행하다 큰 재앙으로 끝난 예는 너무나 많다. 선진 기업들은 일찍부터 임원의 독자적인 사고를 배양하고, 다양한 관점을 용기 있게 표현하도록 독려했다. 구글은 맥킨지의 '반대할 책임' 이념을 적극적으로 도입하여 사람보다 사안 자체로 판단하는 업무 스타일을 견지했다. 이로써 토론할 때 다양한 관점을 격려하고 수용해 양질의 솔루션을 도출할 수 있었다. 맥킨지의 조직구조와 문화도 여러 기업에서 광범위하게 차용하고 있다. 수평적인 조직구조, 평등과 포용의 문화, 프로젝트 프로세스 관리 방법 등은 반대 의견을 제시하는 구성원이 충분히 보호·격려받을 수 있도록 보장해준다. 반대할 책임을 조직 문화와 규범으로 삼을 때 다양한 의견을 기탄없이 제시하는 건강한 분위기가 조성될 것이다.

문제를
정확히 파악하라

우리가 실패하는 이유는 올바른 질문에 잘못된 답을 도출해서가 아니다. 그보다는 우리가 엉뚱한 문제를 풀고 있기 때문인 경우가 더 많다.

— 러셀 애코프Russell L. Ackoff

문제를 정확히 파악한다는 것은 문제 해결에 착수하기 전 문제 자체를 분명히 정의하여 방향성의 오류를 막는 것이다. 맥킨지 팀은 문제 정의를 무척 중요시하기 때문에 새로운 맥킨지 5단계 기법의 첫 단계 문제 정의에 많은 자원을 투입한다. 나무에 올라 물고기를 구한다는 '연목구어', 수레의 끌채는 남쪽으로 향하고 바퀴는 북쪽으로 굴러가서 마음과 행동이 상반되는 것을 비유한 '남원 북철'과 같은 고사성어나, '엉뚱한 나무를 보고 짖는다Bark the Wrong Tree'는 영어 속담은 문제 해결 초기에 문제가 무엇인지 파악하는 것이 솔루션 자체보다 중요함을 강조한다. 문제의 방향이 잘못되면 작은 실수로 큰 잘못을 저지르게 되는데, 그 위험성은 실로 엄청나다.

어떤 일을 하든 우리는 엉뚱한 문제를 해결하지 않도록 조심해야 한다. 이를 방침으로 삼아 비판적 사고자는 문제 정의를 하지 않은 상황에서는 문제 해결을 위한 대규모 자원 투입을 절대로 피해야 한다. 5장에서 문제를 정의하는 방법에 대해 체계적으로 설명했으므로 자세한 설명은 생략하겠다. 문제를 정확히 파악하기 위해서는 자신이 하고 있는 일이 처음 취지와 차이가 있지는 않은지 늘 살펴보는 습관을 들여야 한다.

문제가 정확히 정의되었는지 매 단계마다 되돌아보는 것은 비판적 사고자의 훌륭한 습관이다. 일상에서 우리는 눈앞에 닥친 일을 하느라 바빠 때로는 자신이 바쁜 이유를 잊어버리기도 한다. 그렇게 시간이 지나면 앞서 판단을 내렸던 기본 사항도 변하고, 목표와 어긋나는 행동을 하는 상황이 일어난다. 비판적 사고자는 자신의 사고 과정을 의식적으로, 정기적으로 점검하고, 항상 자신이 '왜' 이렇게 생각하고 행동하는지 질문함으로써 방향성 오류를 즉시 발견하여 수정할 수 있다.

'왜'라는 질문을 던지게 되면 의미 없는 자원 낭비를 막을 수 있다. 실제로 회의를 할 때 생각이 지나치게 산만해지거나, 세부 과정에 집착한 나머지 효율이 떨어졌던 경험이 있을 것이다. 이때는 자신과 팀에게 이렇게 물어야 한다. "우리는 지금 무슨 문제를 해결하고 있는가?" 이 질문에 답을 하다 보면 현재 토론하는 내용이 핵심 문제와 어떤 상관이 있는지 점검하여 자원 낭비를 피하고 제대로 된 주제로 복귀할 수 있다. 복잡하고 중요한 전략 문제라면 더욱더 과거에 판단했던 논리를 정기적으로 점검하고 문제를 다시 살펴봐야 한다. 때로는 모든 가설과 판단을 다시 점검함으로써 예상치 못한 수확을 얻을 수 있다.

다음 단계까지
파고들어라

다음 단계를 더 깊이 파고드는 것은 사고의 깊이를 끊임없이 확장하라는 의미다. 대니얼 카너먼은 직감과 감성에 기반한 빠른 사고 '시스템1'과 이성에 기반한 느린 사고 '시스템2'를 설명하면서 대다수 사람들이 시스템2로 사고하고 있다고 자처하지만 실상은 그렇지 않다고 지적했다. 비판적 사고자는 빠른 사고를 함과 동시에 느린 사고로 문제 배후의 근본 원인을 깊이 탐구해야 한다.

시스템1 빠른 사고는 본능에서 나오는 빠른 의사결정이다. 대니얼 카너먼은 이러한 예를 들었다. 야구 배트 하나와 야구공을 합친 가격은 1.10달러다. 야구 배트가 야구공보다 1달러 더 비싸다는 사실을 알고 있을 때, 우리의 두뇌는 야구 배트가 1달러, 야구공이

0.1달러라는 오답을 빠르게 내놓는다. 물론 이런 착오를 곧 바로잡기는 하지만 순간적으로 떠오르는 대답은 이렇게 간단하면서도 틀린 답이다.

시스템1은 늘 대기 중이며 자동으로 튀어나온다. 시스템1이 어려움에 봉착했을 때 비로소 이성에 기반한 시스템2 느린 사고가 가동된다. 카너먼은 선택과 판단에 임할 때 직감을 내려놓고 시스템2로 사고하기를 의식적으로 훈련하라고 제안한다. 다음 단계로 깊이 파고드는 사고 습관도 마찬가지로 빠른 사고의 한계를 의식하고 느린 사고를 가동하는 훈련이다. 문제를 다룰 때 빠르고 정확하지 않은 답에 머무르지 말고 근원을 깊이 파헤쳐서 디테일한 부분을 탐구해야 한다.

현실에서 빠른 사고는 동문서답을 이끌어내 수박 겉핥기식 담론에 머무르도록 하는 경우가 많다. 가령 "사과가 나무에서 왜 떨어지는가"라는 질문에 수천 년 전 사람들은 모두 "사과가 익어서"라고 대답했다. 이런 오류는 사과가 뉴턴의 머리에 떨어질 때까지 지속됐다. "사과가 익으면 왜 떨어질까?" 하고 이 문제를 좀 더 깊이 파고들었기 때문에 뉴턴의 중력에 관한 탐구가 시작됐다.

누군가 큰 소리로 고함치는 장면을 본 사람들은 "왜 저러지?"라며 의문을 갖는다. 그런데 그 사람이 오랫동안 정신병을 앓고 있다는 말을 듣고 나서는 그의 행동을 곧 이해하고 넘겨버린다. 하지만 곰곰이 생각해보라. 그의 병력만으로 비정상적 행위를 설명할 수 있을까? 우리 뇌는 편하게 타협함으로써 병을 일으키는 진정한 원인에 대해 더 깊이 생각하지 못하도록 저지해버린다. 그러니 그 후에 이 병을 예방하기 위한 어떠한 조치도 하지 않게 되는 것은 더 말할 필요도 없다.

'병을 앓고 있으므로 병적 행위를 한다'는 논리는 전형적인 순환논법Petitio Principii이다. 이는 그전에 제시한 가설을 반복하는 데 불과한 '선결문제의 오류'로, 지지하는 논점이 무엇인지 전혀 드러나지 않는다. 순환논법을 보여주는 재미있는 사례가 더 있다.

아이가 호기심에 차서 엄마에게 묻는다.
"슈퍼맨은 왜 날 수 있어요?"
"왜냐하면 슈퍼맨이니까!"
엄마의 대답에 아이가 또 묻는다.
"그 사람이 왜 슈퍼맨인 건데요?"
"왜냐하면 그 사람은 보통 사람들보다 능력이 뛰어나니까 날 수 있는 거란다."
아이는 거의 알아들은 것 같았다.

이러한 황당한 논리는 대화 내내 끊기지 않고 순환한다. 순환논법에 빠지면 가설을 증명을 위한 전제로 삼아 문제에 대답하고, 진정한 원인을 깊이 탐구하지 않는다. 그러나 다음 단계를 파고들면 허풍스러운 거짓 논조를 거부할 수 있다. 우리는 전략 회의에서 보편적인 담론만 늘어놓고 사고의 깊이 없이 적당히 얼버무리는 빈말들이 난무하는 상황을 많이 본다. "정확한 시간, 정확한 장소에서 정확한 일을 한다", "오늘 밤은 맛있는 음식을 먹어야겠다" 같은 표현이 그 예다.

엄밀한 의미에서 "오늘 밤은 맛있는 음식을 먹어야겠다"는 말에는 정확한 정보가 빠져 있다. 장황한 수식어를 늘어놓았지만 누가 맛없는 음식을 먹으려고 하겠는가! '맛있는' 다음 단계에 오는 디테일한 부분이 전혀 드러나지 않았다. 음식의 종류, 맛, 간의 세기, 색, 향기, 열량 등은 모두 고려할 수 있는 요소다. '맛있는'을 정의하고 나면 음식점과 식사의 과정이 다음 단계의 세부 사항이다. 어디에서 누구와 어떤 시간에 먹을 것이며, 좌석 배치와 메뉴, 음식이 나오는 순서는 어떻게 할 것인지 등이 해당된다.

다음 단계로 파고들 때 주의할 점은 문제를 최소한 두 가지 차원의 깊이로 파헤쳐야 한다는 것이다. 이는 사고의 깊이에 대한 기본적인 요구이기도 하다. 핵심적이고 복잡한 문제를 해결할 때는 MECE 분류의 '3-3 원칙'을 따른다. 즉 어떤 문제든 수직 방향으로 파헤쳐 최소한 3차 세부 사항까지 도달한 다음 기존의 논리 구조에서 빠져나와 완전히 새로운 차원으로 분해함으로써 세 개의 다른 로직 트리를 만들어야 한다. 3-3 원칙은 기존의 솔루션을 개선하는 데 용이하다.

정보를
통합하여 다듬어라

모든 것을 최대한 간결하게 하되, 원래의 뜻을 잃지 않아야 한다.

— 아인슈타인

영어로는 '합성synthesize'을 뜻하는 통합하여 다듬기는 새로운 인재를 양성할 때 자주 쓰는 말 중 하나다. 정보를 통합하여 다듬는 것은 많은 정보 속에서 통찰을 추출해내는 기술을 가리킨다. 다듬기의 핵심은 간결함이지만, 결코 마구잡이식으로 빼는 게 아니다. 누에고치에서 명주실을 뽑듯, 복잡한 상황에서 알짜배기 정보를 선택하는 것이 목적이다. 즉 명료하게 표현하되, 원래의 뜻을 훼손하지 않으며, 완전하고 정확한 통찰을 잃지 않는 것이다.[14]

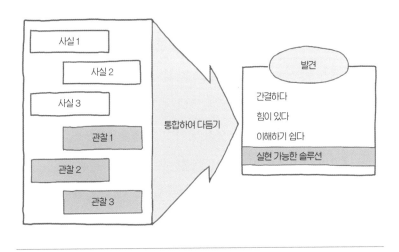

통합하여 다듬기는 사고 과정의 일종이다. 정보를 종합해 핵심 요점을 설명하려면 해당 정보들을 완전히 내면화하고 상대방이 알아들을 수 있는 말로 재구성해야 하는데, 이것이 통합하여 다듬기를 연습하는 좋은 방법이다. 엘리베이터 피치, 스토리라인, 점·선 개요는 모두 훌륭한 도구다. 전략 프로젝트 시 팀원들은 항상 스스로 이런 질문을 던지고 체크한다. 고객이나 상사가 갑자기 프로젝트에 대해 구두 보고를 요구하면 과연 30~60초의 엘리베이터 피치를 조리 있게 할 수 있을까? 중점적인 커뮤니케이션이 필요한 핵심 통찰과 결정 포인트에는 어떤 것이 있을까? 일상생활 속에서 업무를 볼 때 이런 습관을 들이면 시일이 지나면서 능력이 자연스럽게 향상될 것이다. MECE 원칙과 귀납법 및 연역법은 통합하여 다듬기에 사용할 수 있는 훌륭한 무기다. 그러나 사람마다 문제를 분류하는 시각, 지식 배경, 경력이 다르기 때문에 통찰하는 방법도 조금씩 다르다. 실제로 전략 프로젝트 진행 과정에서 방법은 달라도 최종적으로는 비슷한 해결 방법을 찾아내는 상황이 꽤 있다.

통합하여 다듬기는 의사소통을 더 쉽게 만들어주는 수단이다. 새로운 정보를 받아들일 때 우리 뇌가 기억할 수 있는 용량에는 좀처럼 넘어서기 어려운 상한선이 존재한다. 심리학자들은 실험을 반복한 끝에 '7'이라는 신기한 숫자를 찾아냈다. 많은 사람들이 최대 7개의 요점까지만 기억하고, 8번째 요점이 나올 때는 화자가 아무리 생동감 있게 표현해도 대체로 한 귀로 듣고 한 귀로 흘린다는 것이다.

사실 웬만한 사람들은 7개의 요점을 기억하는 것도 벅차다. 심리학자 라비노비치Rabinovich와 빅Bick이 진행한 실험에 따르면, 한 번에 3개의 요점을 기억하는 것이 가장 쉽다고 한다. 7개의 요점을 기억하려면 3개의 요점보다 15배 노력을 기울여야 하며, 10개의 요점을 기억하려면 무려 50배의 노력이 드는 것으로 나타났다. 따라서 한 번에 너무 많은 내용을 전달하기보다는 조금씩 자주 전달해야 청중이 더 잘 기억할 수 있다.

그렇다면 맥킨지는 통합하여 다듬기 시 요점을 몇 가지로 정리할까? 가장 쉽게 기억할 수 있는 3개의 요점으로 내용을 다듬는 경향이 있다. 맥킨지 내부에서 의견을 발표할 때는 "제 생각을 세 가지로 말씀드리겠습니다"라고 시작한다는 우스갯소리도 있을 정도다. 만약 네 번째 요점을 추가하고 싶어도 대부분 "제 생각을 세 가지로 말씀드리겠습니다"라고 먼저 입을 뗀 후, 이어서 "세 번째 요점은 두 부분으로 나눌 수 있습니다"라고 보충하는 경우가 많다.

복잡한 문제를 간단하고 명료하게 나눌 때 MECE 원칙에 부합하기란 결코 쉬운 일이 아니다. 브레인스토밍을 진행하면서 깊이 사고하고 통합하고 다듬는 과정을 반복해야만 마지막에 간결하고 깊이 있는, 또한 이해하기 쉬우면서도 행동에 옮길 수 있는 통찰에 도달할 수 있다.

하루 안에
대답하라

가능한 결과는 두 가지뿐이다. 실험을 통해 가설의 정확성을 증명하면 당신은 새로운 규칙을 찾아낸 것이며, 가설이 오류로 증명되면 당신은 새로운 발견을 한 것이다.

— 엔리코 페르미

'하루 안에 대답하기'는 생소한 문제에 임할 때 짧은 시간 내에 빠르게 일차적인 구상을 끝내고 관련자와 공유하여 문제 해결 속도를 높이는 습관을 의미한다. 시간 압박이 있는 상황에서 논리적 사고 방법을 활용함으로써 효율적이고 전면적인 사고력을 발휘할 수 있다. 하루 안에 대답하는 습관을 들이면, 긴박감을 조성해 문제 해결 리듬을 가속화하고, 문제를 다각도로 사고하는 데 도움이 된다.

이는 우리에게 익숙한 상향식 전문적 사고 및 학습 방법과는 배치되기 때문에 우리는 의식적으로 하루 안에 대답하는 습관을 키워야 한다. 2장에서 핵심 개념을 다루면서 전문적 사고에 관해 언급했다. 우리는 새로운 지식을 학습할 때 대부분 바닥층(아래쪽)의 디테일한 지식 포인트를 모두 익힌 다음에야 전체(위쪽)를 이해하려 한다. 이러한 습관이 몸에 배면 새로운 문제에 임할 때 알아야 할 지식 포인트가 많기 때문에 긴 시간을 들여 기초 연구를 해야 한다. 그러나 빠르게 돌아가는 뷰카 시대에는 시간이 그렇게 많지 않다. 자신이 모르는 전문 지식에 관한 토론을 거부하고 모든 지식이 축적된 후에야 관점을 표현한다면, 큰 기회를 잃어버리게 된다.

맥킨지를 비롯한 전략 컨설팅 기업들은 프로젝트 초기에 가장 핵심적인 결과물을 도출한다. 팀은 정보가 부족하고 시간의 압박을 받는 상황에서 시작한 지 1~3일 만에 문제 정의, 구조화 분석, 가설 제기를 완료하고 초기 아이디어를 정리하여 커뮤니케이션에 사용한다. 이때 제출물에는 솔루션의 초고인 논리 모델과 초기 가설 리스트가 포함되는데, 이는 프로젝트에서 각 부분을 이어주는 중요한 역할을 한다. 시간이 빠듯하기 때문에 초고는 상세한 필드 리서치를 기반으로 할 수 없다. 따라서 가설을 전제로 한 논리적 사고를 발휘해야 한다. 6장 구조화 분석과 7장 가설 제기 부분에서 이를 자세히 설명했다.

하루 안에 대답하기 습관은 일상 업무에도 널리 활용할 수 있다. 예를 들어 상사로부터 새로운 연구 업무를 지시받았을 때 의식적으로 단시간 내에(가령 2~3 시간) 가설을 전제로 한 초기 구상을 세워보는 것이다. 연구의 프레임과 초기 가설이 포함된 내용이 정리되면 상사와 기초적인 방향성에 관해 소통할 수 있다. 이 과정에서 독립적이고 효율적인 사고 능력을 충분히 보여줌으로써 경쟁에서 두각을 나타낼 수 있다.

올바로
질문하라

영화 매트릭스에 나오는 한 명대사가 있다. 인류 저항 조직의 지도자 모피어스가 요원들에게 체포되어 심한 고문을 당하는 장면에서 나오는 말이다. 그를 뒤쫓던 요원 스미스는 모피어스에게 마약 성분의 약물을 주사하고 자백을 받아내려고 심문을 하지만, 저항 조직의 구체적 위치를 알아내지 못한다. 스미스는 격노하며 주사약이 왜 약효를 발휘하지 못하느냐고 문책한다. 그 자리에 있던 또 다른 요원 브라운은 무기력하게 그를 바라보고는 이렇게 대답한다.

"아무래도 질문이 잘못된 것 같은데요……."

올바로 질문하기는 토론이나 연구 과정에서 빠트릴 수 없는 매우 중요한 단계다. 문제와 관련된 질문을 함으로써 문제 자체에 대한 이해를 강화하고 최종적으로 비즈니스 인사이트를 이끌어낼 수 있다. 올바로 질문하려면 질문자는 높은 자질을 갖추어야 한다. 질문을 던지고 그에 대해 구조화 분석으로 더 깊이 사고하여 프로젝트를 순조롭게 추진할 수 있는 동력을 얻게 된다. 문제 정의에 오류가 없다는 것을 전제로 올바른 질문을 함으로써 더 심도 있는 토론을 유도할 수 있는 것이다. 수직 또는 수평 방향으로 파고드는 심층 사고로 다음 단계까지 분해하여 통찰을 도출한다. 이런 질문 능력이 없으면 그전에 해놓은 분류에 머무는 등 어떤 기술이나 도구를 쓴다고 해도 형식적이고 얕은 수준에 머물고 만다.

올바로 질문하기는 토론을 심화하는 도구일 뿐 아니라 창의력을 강화하는 도구다. 미국의 베스트셀러 작가 워런 버거는 저서 《어떻게 질문해야 할까》에서 '아름다운 질문'은 우리의 고정관념에 도전하는 용기 있는 질문이라고 정의했다. 우리는 왜 지난 20년 동안 변함없이 이렇게 일하고 있을까? 지금과는 다른 방법을 시도해보면 어떨까? 성공한 창업자 중에는 이런 '아름다운 질문'을 하는 능력이 있는 사람이 많다. 왜냐하면 그들의 주요 책무가 시장에 혁신과 충격을 가져다주는 것이며, 그들은 늘 더 좋은 방법으로 기존의 수요 또는 완전히 새로운 수요를 해결하려고 도전하기 때문이다.

300년 전 뉴턴의 머리 위로 사과가 떨어졌을 때, 뉴턴은 '왜'라는 질문을 던져 만유인력의 법칙을 발견했다. 19세기 독일의 물리학자 뢴트겐은 평소처럼 실험을 진행하던 중 두꺼운 종이를 투과하는 광선을 발견했고, '왜'라는 질문 끝에 X선을 발견했다. 1940년대에

에드윈 랜드Edwin Land는 사진을 찍고 왜 기다려야 하는지를 묻는 3살짜리 딸의 질문에 영감을 얻어 폴라로이드 사진기를 발명했다. 이런 예는 셀 수 없이 많다. 뉴턴에게 '아름다운 질문'을 하는 능력이 부족했다면 사과가 머리에 떨어졌을 때 기껏해야 아프다고 비명을 지르고는 사과를 맛있게 먹어치우고 말았을 것이다.

여기는 것과 아는 것을
구분하라

교육은 당신이 암기를 얼마나 열심히 했는지, 혹은 얼마나 많이 아는지에 관한 것이 아니다. 교육은 사실 우리가 아는 것과 모르는 것을 구분하는 능력이다.

— 아나톨 프랑스

비판적 사고자는 '여기는 것'과 '아는 것'이 인지의 양 끝단에 있다는 사실을 잘 안다. '여기는 것'은 관찰이나 경험으로 생긴 주관적 판단이나 추측으로, 사고의 출발점이다. 반면 '아는 것'은 탐구의 성과이자 진정한 앎과 통찰이다.

비판적 사고자는 '여기는 것'과 '아는 것'을 구분하고, '아는 것'을 향해 집요하게 다가간다. 처음에는 대담한 가설을 주장하되, 연구 중후반에는 가설을 자세히 검증하여 진정한 앎으로 승화하거나 틀린 가설들은 제외한다. '……라고 여기는' 가설 단계에 머물러 있는 것도 위험하지만, 가설과 참된 앎을 혼동하는 것은 더욱 위험하다. 참된 통찰을 도출하는 것이 쉽지는 않지만 비판적 사고자는 늘 기존의 관점이 '여기는 것'인지 '아는 것'인지 끝까지 묻고, 이러한 통찰력을 업무를 추진하는 발판으로 삼아야 한다.

비판적 사고 능력이 부족한 사람은 문제를 토론할 때 늘 '여기는 것'과 '아는 것'을 혼동하여 가설을 사실로 간주한다. '여기는 것'은 비용이 들지 않고 쉽게 할 수 있다. 그러나 이는 행동은 하지 않고 입에 발린 말만 하는 립서비스와 다르지 않다. 여기에 확증편향 같은 인지 오류까지 더해지면 검증되지 않은 가설을 그럴듯한 결론으로 포장하는 심각한 결과를 초래한다.

우리는 실제 업무 현장에서 '여기는 것' 즉, 주관적 판단이 더 우세한 상황을 더러 목격한다. 사람보다는 사안 자체로 판단하는 일을 실천하기가 어렵기 때문이다. 양측이 서로 자기 주장을 양보하지 않을 때, 목소리 큰 사람이 이기거나 직급이 높은 사람이 유리해지는 등 문제 자체와는 별로 상관이 없는 요소로 의사가 결정되곤 한다. 관리자는 전략적 사고 능력을 강화하여 가설과 통찰을 구분해야 한다. 그래야 다양한 관점의 이슈를 다룰 때 논리와 데이터에 더 집중하는 프로 정신을 갖출 수 있다.

시간의 축을
앞당겨라

월리엄 깁슨의 말처럼 미래는 이미 우리 앞에 와 있다. 우리가 현실에서 미래와 연결된 파편들을 찾아 연결할 수 있다면 미래의 모습을 조금은 엿볼 수 있을 것이다. 시간의 축을 옮기는 것은 비판적 사고자가 미래를 예측하는 방법이다. 비판적 사고자는 논리적 사고법으로 미래의 각종 가능성을 분석해 그것이 실제로 발생할 확률을 추측해낼 수 있다.

시간의 축을 옮긴다는 것은 미래에 일어날 수 있는 모든 가능성을 고려하는 것으로, 특히 중요한 의사결정을 앞두고 문제를 분석할 때 반드시 필요하다. 대규모 시장 연구를 앞두고 있다면, 사전에 시간을 들여 그 계획이 용의주도한지, 디테일한 부분까지 제대로 챙겼는지, MECE 원칙을 위반할 다른 가능성은 없는지를 재점검하고, 조사를 마친 다음에는 어떻게 할 것인가를 질문해야 한다. 시간 축을 앞당겨서 미래를 생각해보는 것이다.

만약 가설 검증 끝에 제품 브랜드 의식이 매우 강하다는 결과가 나타났다면, 이후에는 어떻게 할 것인가? 만약 브랜드 의식이 약하다면, 다음 단계에는 어떻게 진행할 것인가? 계획을 다 이행하고 난 후 기대하는 결과가 나온다는 보장이 있을까? 아직 고려하지 않은 요소에는 뭐가 있을까? 시간 축을 앞당겼을 때 우리는 가장 좋은 결과가 나오길 희망하지만 최악의 결과가 나올 경우도 대비해야 한다. 예견되는 리스크와 함정을 피할 방법을 계획에 포함시키는 것이다. 시간의 압박이 있다면 완벽한 데이터를 확보하거나 모든 가능성에 대비하기 어렵다. 그러나 비판적 사고자는 현 단계에서 확보한 정보와 강력한 논리를 기반으로 미래를 예측하고 준비해야 한다.

숫자와 논리에
근거하라

사실은 비판적 사고의 초석이며, 논리는 사실을 연결하는 접착제다.
— 《비판적 사고Critical Thinking》[15]

비판적 사고자는 이성적이고 객관적이며 숫자와 논리를 중시하는 집단이다. 그들은 근거 없이 함부로 상황을 속단하지 않으며, 타인이 하는 대로 따라하지도 않는다. 이성적이고 객관적인 사고는 주관과 억측의 대척점에 있으며, 가설에서 통찰까지 모든 과정을 숫자와 논리로 검증하는 것이다. 데이터의 효과와 한계 및 함정을 전방위적으로 이해하고, 귀납법과 연역법과 같은 논리의 활용법과 그 오류에 대해서도 토론할 줄 안다.

숫자와 논리에 의존한다고 해서 인간적인 면모나 감성이 마비된 것은 아니다. 앞서 쇤베르거가 인간과 AI의 궁극적인 차이가 "인간에게 있는 본능과 모험 정신, 우연한 사건과 실수"라고 한 말을 떠올려보자. 비판적 사고자의 시각에서 이성과 감성 사이에 뛰어넘을 수 없는 벽이란 없다. 이미 숫자와 논리의 과학적인 방법으로 감성적인 세계를 해석하고 심지어 수치화하려는 시도가 시작됐다. 노벨상 수상자인 시카고대학교의 리처드 탈러는 수학 모형을 이용해 인간의 의사결정에 존재하는 비이성적 요소를 수치화했다. 그는 이것을 '예측할 수 있는 비이성Predictable Irrationality'이라고 불렀으며, 여기에 영향을 미치는 요소로는 소유권, 자신감과 공평함 등을 꼽았다.

비판적 사고자들은 이처럼 인간의 인지와 기술에는 한계가 있음을 인식해야 한다. 기존 숫자와 논리에만 의존해서는 완벽하게 해결할 수 없는 문제들이 분명 존재한다. 그렇기에 계속해서 다양한 방법으로 문제를 분석하고 탐구해나가야 한다. 마지막으로 이성적이고 과학적인 방법으로 판단하는 동시에 문화 차이를 고려하여 적절한 커뮤니케이션 방식을 찾아 효과를 배가할 것을 권한다.

인지의 한계를
알라

비판적 사고자는 자신의 지식과 능력뿐 아니라 인지의 한계에 대해서도 충분히 인식하고 있어야 한다. 확증편향, 자기위주편향 Self Serving Bias, 손실회피성향Loss Aversion, 과신편향Overconfidence Bias 등 각종 인지의 편향은 이성적 사고에 직접 영향을 미친다. 여기서는 몇몇 인지 편향을 간단히 소개하겠다. 더 자세히 알고 싶다면 대니얼 카너먼의 《생각에 관한 생각》과 마거릿 헤퍼넌의 《의도적 눈감기》를 추천한다.

확증편향은 주변에서 흔히 볼 수 있는 오류다. 사람들은 자연스럽게 자신의 주장과 이를 뒷받침해주는 데이터에 호감을 가진다. 우리 뇌는 유리한 부분만 선택적으로 기억하고 수집하려는 경향이 있어서 갈등 요소가 있는 정보는 외면하고 단편적으로 해석하기 쉽다. 예를 들어 '왼손잡이는 머리가 좋다'는 속설을 들으면 우리는 자연스럽게 왼손잡이 유명인들을 떠올린다. 율리우스 카이사르, 잔 다르크, 나폴레옹, 아인슈타인 등 수많은 유명인들이 있다. 이렇게 숫자가 많으니 자신의 판단이 곧 팩트라는 착각이 형성된다. '왼손잡이는 머리가 좋다'라는 판단을 확신한 후 우리는 색안경을 끼고 자신의 주장에 유리한 개별 사례를 선택적으로 부각함으로써 오른손잡이 중 머리 좋은 이들의 사례는 외면해버린다. 그리고 머리가 좋은 왼손잡이를 볼 때마다 이전의 판단을 더욱 굳히며 확증편향의 끝없는 순환에 진입한다.

이외에 다른 인지 편향도 상당히 위험하다. 그중 전형적인 자기위주편향 사례를 소개한다. 흔히 사람들은 성공의 원인을 능력이나 노력 같은 내부 요소로 돌리고, 실패는 운이나 미션의 난이도 같은 외부 요소 때문이라고 생각하는 습관이 있다. 이런 주장은 논거를 검증할 때 객관성이 떨어진다. 실패하는 창업자들은 늘 '시장은 큰데 환경이 안 좋았다'고 생각하며 자신의 실수를 깊이 돌아보려고 하지 않는다. 자기위주편향은 모든 가능한 해석을 살피기보다는 머리에 처음 떠오르는 간단한 논리를 받아들여서 굳게 믿어버리는 것이다. 확증편향과 같이 자기만 옳다는 식의 오만함을 초래한다.

비판적 사고자는 각종 편향 외에도 화자의 시각이 결론에 미치는 영향에도 주의해야 한다. 시각이 다르면 같은 일이라도 전혀 다른 판단을 내릴 수 있다. 가령 치아 관리 제품 A를 생산하는 브랜드가 의사 100명을 상대로 연구를 실시한 결과 80%가 그들의 제품을 추천하고 20%는 그렇지 않았다. 이 결과에 대해 각각 다른 시각을 가진 화자의 진술은 질적인 차이를 보인다.

- 긍정적 시각: "A는 좋은 제품이다. 의사의 80%가 이 제품을 추천했기 때문이다!"
- 부정적 시각: "A는 리스크가 있는 제품이다. 의사의 20%가 부정적 태도를 나타내며 사용을 추천하지 않았기 때문이다."

진술 시각에 따라 같은 데이터라도 전혀 다른 두 결론을 지지할 수 있음을 보았다. 이같이 인지 편향과 진술 시각 등 우리의 인지에 한계가 있음을 의식해야 판단을 내릴 때 이를 살피고 즉시 조정할 수 있다. 그중에서도 자신의 무지를 인식하는 것이 중요한 첫 단계다.

지금 당장 변화하라

: 새로운 사고방식을 익히기 위한 성장통

맥킨지식 구조화 전략적 사고를 습득하는 과정은 결코 쉽지 않으며 힘들고 고통스럽다. 수많은 맥킨지 출신들이 입사 초기, 특히 처음 6개월간 경험을 이야기할 때 "적응이 안 됐다", "이해하기 힘들었다", "거의 포기할 뻔했다", "삶의 회의를 느꼈다" 같은 표현을 많이 언급했다.

거의 10년에 달하는 컨설팅 경험이 있었던 나도 맥킨지에 입사한 후 그들의 방식을 학습하고 적응하는 데 오랜 시간이 걸렸고, 때로는 그 경험 때문에 오히려 더 힘들게 느껴졌다. 한때 빅데이터 전문가였기에 과거의 전문가적 사고를 내려놓기 힘들었으며, 새로운 하향식 방법론을 허심탄회하게 수용하기도 어려웠다. 당시 내 눈에는 '가설을 전제로 하는' 과정이 엘리트를 자처하는 젊은이들이 아이디어를 과시하는 모습으로 보였으며, 브레인스토밍을 하느라 시간을 낭비할 바에는 나의 전문 지식으로 당장 눈앞의 문제를 해결하는 편이 낫다고 생각했다.

이런 전문가의 오만함과 고정관념에 사로잡혔던 나머지 전략 문제에 임할 때 사고의 깊이와 창의성을 마음껏 발휘할 수 없었다. 몇 번의 좌절을 겪고 난 후, 맥킨지가 표방하는 비판적 사고 능력이 부족하다는 생각에 스스로 회의를 느꼈다. 큰 어려움을 겪고 있을 때 멘토이자 프로젝트 팀장의 한마디가 나를 꿈에서 깨어나게 했다. 그는 나에게 '배운 것을 잊어라Un-learn'고 충고했다. 전문가라는 과거의 짐을 내려놓고 완전히 새로운 눈으로 모든 문제를 대하라는 것이다. 그 멘토는 마지막으로 이렇게 말했다. "Un-learn을 통해 맥킨지 방법론을 숙지한 다음에는 과거의 전문 지식을 바탕으로 모든 것을 더욱 빨리 습득할 수 있어. 그렇게 되면 자네는 회사의 가장 가치 있는 자산으로 거듭날 거야." 돌이켜보니 멘토의 말은 하향식과 상향식 두 방법론을 변증법적으로 수렴한 것이었다. 성장통은 반드시 겪는 과정이다. 이런 아픔이야말로 우리의 성장을 입증해주는 증거이기도 하다.

구조화 전략적 사고는 매우 중요한 개념이지만 아직까지는 개인의 능력 차원에서 적용되는 경향이 있다. 사회가 발달하고 시장이 고속 성장하는 시기에는 마구잡이식으로 경영해도 규모를 키우고 부를 축적할 수 있었다. 과거에 성공한 기업가나 임원들은 강인한 의지로 어려움을 극복했으며, 상대적으로 간단한 시장 환경과 수요에 힘입어 선견지명(또는 행운)과 강한 행동력(또는 군대식 관리)을 통해 비즈니스 세계를 제패했다. 그러나 시장이 성숙해지고 각 분야의 성장이 포화 국면을 맞으면서 업계의 경쟁이 치열해졌다. 많은 기업들이 정교한 관리에 돌입했고, 관리자들의 역량 강화 필요성이 높아졌다. 오늘날 모든 관리자와 실무자들은 빠른 속도로 학습하고 인지하는 능력이 필요하고, 분야를 뛰어넘는 사고력도 갖춰야 한다.

구조화 전략적 사고는 이 어려움을 헤쳐나갈 수 있는 무기다. 이 기법을 파악하면 모든 어려운 문제에 자신 있게 임할 수 있다. 자신감은 결코 거창한 전문 지식이나 과거 경력에서 비롯되는 것이 아니라, 문제 해결 능력에서 나온다.

이 책을 읽은 독자들이 많은 인사이트를 얻었기를 기대한다. 그러나 가장 중요한 것은 '변화'다. 그러니 지금 당장 변화를 위한 첫걸음을 시작하라.

핵심 정리와
예제

01

구조화 전략적 사고의
전체 프레임

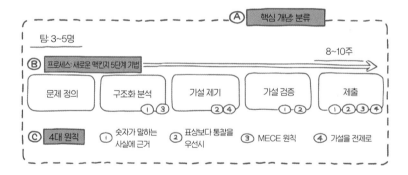

요약

구조화 전략적 사고는 비판적 사고의 존재 형태이자, 숫자와 논리에 기반한 이성적 과학 방법론이다. '구조화'는 방법과 수단을, '전략'은 문제의 속성과 깊이를 말한다. 전형적인 프로젝트는 대부분 3~5명으로 구성된 팀이 8~10주 내에 진행한다. 새로운 맥킨지 5단계 기법의 전체 프로세스를 따라 4대 원칙을 적용하면 전략 문제를 성공적으로 해결할 수 있다.

예제

최근 6개월간 실제 업무에서 자신이 주도하거나 참여한 단기 프로젝트(이미 완료한 프로젝트 우선)를 찾아 표의 A, B, C에 해당하는 내용을 적어보자. 분류의 개념과 맥킨지 5단계 기법, 4대 원칙을 사용했는지 살펴보고, 문제를 간략히 설명한 다음 개선해야 할 부분들을 종합하고 팀과 공유하여 토론한다.

02

분류와
MECE 원칙

MECE 원칙

1. 하위 범주는 서로 독립되어 겹치지 않아야 한다.
2. 하위 범주를 더하면 누락 없이 전체를 이뤄야 한다.

요약

분류는 구조화 분석의 다른 말로, 문제를 분석하는 날카로운 칼날이자 전략적 사고의 핵심 개념이다. 분류는 항상 MECE 원칙에 부합해야 한다. 차원과 분류는 뗄 수 없는 상호 보완관계에 있으며, 차원은 곧 분류의 관점이다. 제대로 된 구조화 분류는 '3-3 원칙'에 따른다. 차원으로 문제를 정확하게 분류한 후, 수직 방향으로 최소한 3차까지 디테일하게 파헤친다. 분류가 끝나면 기존 논리 프레임을 뛰어넘는 새로운 차원으로 두 차례 이상 분류하여 총 세 가지 또는 그 이상의 각각 다른 로직 트리를 만든다.

예제

MECE 원칙에 따른 분류법을 활용하여 자신이 속한 업계에서 '제품'과 '고객'이라는 비즈니스 핵심 단어가 어떤 의미를 지니는지 구조화 분석을 진행해보자.

- 다차원 분류를 연습하기 위해 분류할 때마다 10개 이상 차원으로 나눈다.
- 각 카테고리는 3-3 원칙에 따라 3차 전개 디테일까지 깊이 파헤치고, 서로 다른 세 개의 로직 트리를 만든다.

03

문제를 분류하는
네 가지 방법

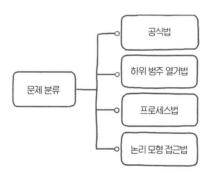

요약

단어 분류하기는 비교적 쉽게 할 수 있지만 문제 분류하기는 처음에 적응이 잘 안 될 수 있기 때문에 연습이 필요하다. 문제 분류를 위한 방법으로는 공식법, 하위 범주 열거법, 프로세스법, 논리 모형 접근법이 있다.

공식법은 '수입은 단가에 수량을 곱한 것이다'와 같은 기존의 비즈니스 연산 공식으로 분해하는 것이다. 하위 범주 열거법은 하위 범주로 세분한 단어를 나열하는 것으로, 가장 많이 사용되는 분류법이다. 프로세스법은 프로세스를 따라가며 문제를 세분하는 방식이다. 제품 생산 프로세스를 연구개발, 생산, 판매와 서비스 등과 같은 단계로 나누는 것이 그 예다. 논리 모형 접근법은 내부와 외부, 주관과 객관 등 구성원 간 약속된 기준으로 나누는 방법이다.

예제

네 가지 문제 분류 방법을 이용해 아래 문제를 분해해보자(1차까지만 분해한다).

- 기업의 순이익을 어떻게 제고할 것인가?
- 개인이 저축액을 지속적으로 늘리려면 어떻게 할 것인가?

04

논리 추론 방법:
귀납법과 연역법

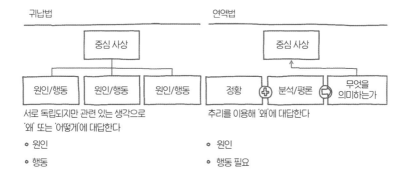

귀납법

중심 사상

원인/행동 | 원인/행동 | 원인/행동

서로 독립되지만 관련 있는 생각으로
'왜' 또는 '어떻게'에 대답한다

◦ 원인

◦ 행동

연역법

중심 사상

정황 ⊕ 분석/평론 ⊖ 무엇을
의미하는가

추리를 이용해 '왜'에 대답한다

◦ 원인

◦ 행동 필요

요약

　귀납법과 연역법은 기본적인 논리 추론 방법이다. 귀납법과 연역법은 사고의 방향은 반대이지만 상호 보완적인 관계다. 귀납법은 개별 사실에서 일반 원리를 개괄하는 것이고, 연역법은 일반 원리에서 개별 결론을 추리하여 유도하는 것이다.

예제

일상생활과 업무에서 귀납법과 연역법을 이용한 추론 사례를 찾아보고, 그 논리가 엄밀한지 검증해보자. 귀납법과 연역법 중 어떤 쪽이 더 엄밀한가? 그 이유는 무엇인가? 이번에는 귀납법과 연역법의 오류 사례를 2~3개 찾아보고, 이 책에서 언급한 인지 편향 중 어떤 것과 직접적으로 관련되는지 말해보자.

05

효율적 커뮤니케이션(1):
커뮤니케이션의 형식

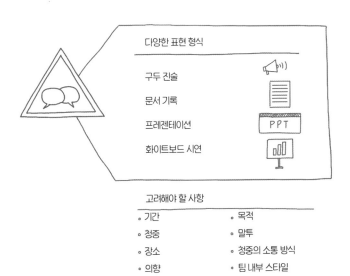

다양한 표현 형식

구두 진술

문서 기록

프레젠테이션

화이트보드 시연

고려해야 할 사항

- 기간
- 청중
- 장소
- 의향
- 목적
- 말투
- 청중의 소통 방식
- 팀 내부 스타일

요약

비즈니스 커뮤니케이션에는 구두 진술, 문서 기록, PPT, 화이트보드 시연 등 여러 방식이 있다. 기간, 청중, 목적 등 내·외부 요소에 따른 면밀한 커뮤니케이션 계획을 수립해야 한다. PPT가 비즈니스 커뮤니케이션에서 많이 사용되고 있지만, 구두 진술과 화이트보드 시연의 중요성을 소홀히 해서는 안 된다. 효율적인 커뮤니케이션은 새로운 맥킨지 5단계 기법의 마지막 단계인 '제출'의 핵심이자 앞의 4단계를 토대로 성과를 보여주는 것이다. 각 단계에서 문제와 솔루션에 대해 깊이 있는 구조화 분석을 진행함으로써 비즈니스 인사이트를 다듬어 결론을 도출해야 한다.

예제

최근 6개월간 실제 업무에서 자신이 했던 비즈니스 커뮤니케이션(이미 완료한 프로젝트 우선)을 떠올려보고 고려해야 할 사항(기간, 청중, 장소 등)을 분석한다. 그 결과 어떤 경험과 교훈을 얻었는가? 비즈니스 커뮤니케이션 능력을 향상하기 위한 구체적 방안을 말해보자.

효율적 커뮤니케이션(2): 커뮤니케이션의 성공 요소

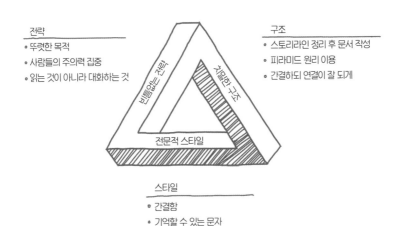

전략
- 뚜렷한 목적
- 사람들의 주의력 집중
- 읽는 것이 아니라 대화하는 것

구조
- 스토리라인 정리 후 문서 작성
- 피라미드 원리 이용
- 간결하되 연결이 잘 되게

차별화된 전략

치밀한 구조

전문적 스타일

스타일
- 간결함
- 기억할 수 있는 문자
- 도표 설명

요약

효율적 비즈니스 커뮤니케이션을 위한 3S 요소에는 전략, 구조, 스타일이 있다. 빈틈없는 전략이란 4대 원칙 중 하나인 '표상보다 통찰을 우선시한다'와 관련된 것으로, 구두 진술을 할 때 통찰을 먼저 제시해 청중의 주의를 집중시키는 것이다. 두 번째로 MECE 분해로 각종 로직 트리를 구현하고, 스토리라인과 피라미드 원칙 등 커뮤니케이션 도구로 치밀한 구조를 세울 수 있다. 전문적 스타일은 비즈니스 커뮤니케이션에서 간결하고 공식적이며 이목을 끄는 스타일을 선택해야 한다는 의미다.

예제

최근 6개월간 실제 업무에서 PPT를 사용해 진행했던 비즈니스 커뮤니케이션을 떠올려보자. 3S 요소에 따라 대조 분석을 진행하여 전략적 목적에 도달했는지, 구조는 명료한지, 스타일은 상황에 적합한지 살펴본다. 경험과 교훈을 세분화하고 구체적 개선 방안을 제시한다.

07

재사용이 가능한
다차원 그래프

요약

다차원 그래프는 대부분 사고의 깊이와 폭을 충분히 보여주는 도구다. 이 책에서 소개한 여러 가지 다차원 이론(BCG 매트릭스 등)과 비즈니스 분석 모형(카테고리 확장 그래프 등)을 전략 분석에 직접 이용할 수 있다.

예제

다차원 그래프를 이용해 "나는 행복한가"라는 질문에 대답해보자. 이때 행복을 N개 차원으로 분류하여 나타내본다.

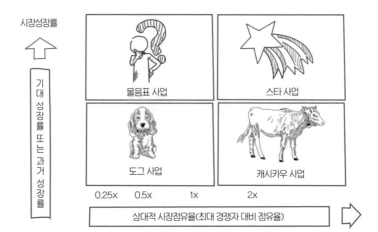

시장성장률

기대 성장률 또는 과거 성장률

물음표 사업	스타 사업
도그 사업	캐시카우 사업

0.25x　　0.5x　　　1x　　　　2x

상대적 시장점유율(최대 경쟁자 대비 점유율)

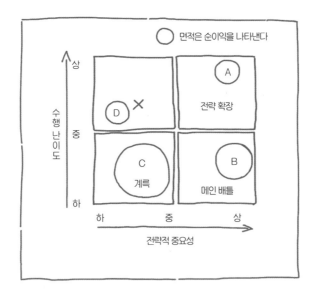

면적은 순이익을 나타낸다

상

수행 난이도

중

하

D ×

A

전략 확장

C

계륵

B

메인 배틀

하　　　중　　　상

전략적 중요성

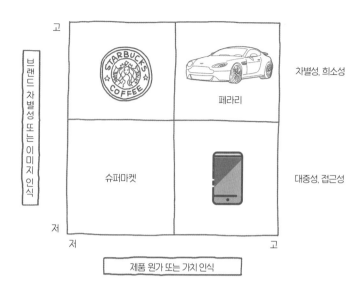

차별성, 희소성

대중성, 접근성

브랜드 차별성 또는 이미지 인식

고

저

저 고

제품 원가 또는 가치 인식

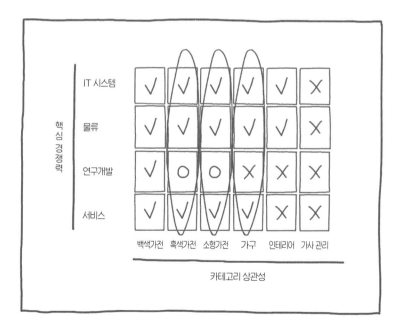

08

스토리라인

왜 Why	무엇을 What	어떻게 해결하는가 How	왜 당신인가 Who	투입과 산출 How much
• 어떤 문제를 해결하며, 시장이 얼마나 큰지	• 솔루션 제품과 서비스 설명	• 어떤 원리와 방법, 비즈니스 모델인지	• 경쟁 우위 분석	• 자금이 얼마나 필요하며, 언제 회수할 수 있는지

요약

스토리라인은 스토리텔링 5W2H 원칙에 기반해 스토리의 핵심 요소를 자주 사용하는 순서대로 요약하고 연결한 것이다. 스토리 라인 각 요소의 순서는 조정할 수 있으나 모든 제안서는 이 5대 요소를 갖춰야 한다. 특히 첫 부분을 SCP 모델에 따라 '왜'에 해당하는 요소로 시작하여 시장 수요를 먼저 설명할 것을 강력히 권한다.

예제

코로나바이러스는 전 세계 시장에 큰 충격을 가져왔다. 이러한 상황에서 가치 있는 신사업 프로젝트를 추진한다면, 어떤 프로젝트를 계획할 것인가? 점·선 개요를 이용해 사업 제안서의 스토리라인을 구축하고 해당 요소에 답을 적어보자.

09

SCP+I 모델

요약

SCP 모델은 구조, 행동, 성과를 의미하며, 주로 업계 현황을 설명하는 데 이용된다. S(구조)는 해당 산업의 전반적인 비즈니스 모델을 설명하는 요소이며, C(행동)는 주류 기업들의 비즈니스 모델과 경쟁 전략을 의미한다. P(성과)에는 기업의 재무 실적과 비재무 실적 모두 포함된다.

예제

이전 예제에서 구상해본 신사업 프로젝트의 스토리라인에서 SCP+I 모델을 활용해 '왜'라는 비탄력적 수요를 제시해본다. 해당 프로젝트에서 핵심 충격은 코로나바이러스일 것이다. SCP+I 모델에 따라 개요를 작성해보자.

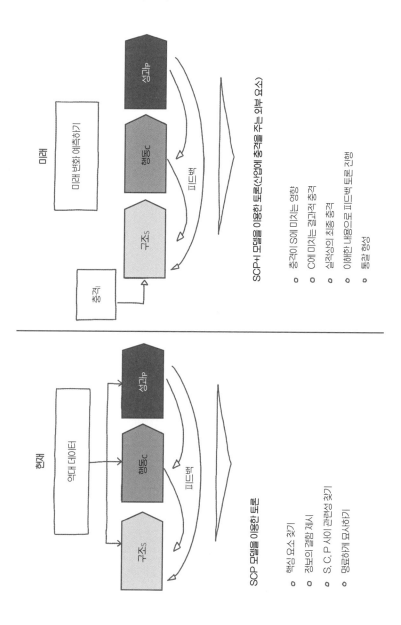

10

논리적 사고
4대 원칙

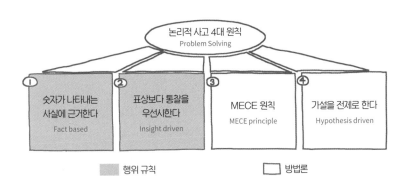

요약

논리적 사고 4대 원칙의 활용 범위는 전략 프로젝트를 넘어 일상적인 사고, 소통, 행위 전반을 관통한다. 이 원칙들은 구조화 전략적 사고의 초석이다. MECE 원칙과 '가설을 전제로 한다'는 원칙은 방법론 측면에서 하향식 사고방식에 관한 원칙이다. '숫자가 나타내는 사실에 근거한다', '표상보다 통찰을 우선시한다'는 원칙은 소통과 업무 시 이성적 사고를 하기 위한 원칙이다. 4대 원칙을 일상생활에 적용하는 것은 비판적 사고자가 매일 수행해야 할 과제다.

예제

최근 6개월간 실제 업무에서 자신이 주도하거나 참여한 단기 프로젝트(이미 완료한 프로젝트 우선) 중에서 논리적 사고 4대 원칙을 실시한 예를 찾아보고 더 개선할 수 있는 포인트가 어떤 것인지 종합해본다.

- 가설을 전제로 하는 원칙을 지켰는가? 분석할 때 MECE 원칙을 준수했는가?
- 숫자 데이터를 대량으로 사용했는가? 숫자의 상관성과 정확도 여부는?
- 핵심 통찰은 무엇인가?

11

문제 정의 도구

SMART 원칙: 구체적인Specific, 측정 가능한Measurable, 실현 가능한Action-oriented, 관련이 있는Relevant, 기한이 있는Time-bound

① 배경Perspective/context

구체적인 배경 정보 수집하기(업계 동향, 업계에서 상대적 위치 등).

④ 제약 조건Constraints within solution space

솔루션의 제약 조건 명확히 하기(합병 고려 여부 등).

② 성공 기준Criteria for success

프로젝트의 성공 KPI 명확히 하기. 재무와 비재무 기준 포함 반드시 책임자와 의견 일치 필요.

⑤ 책임자/관련자Stakeholders

RACI와 같은 도구를 이용해 책임자 역할 명확히 하기.

③ 경계Scope of solution space

프로젝트에 어떤 것을 포함할지 혹은 포함하지 않을지 프로젝트의 경계 설정하기.

⑥ 자원Key sources of insight

전문가 DB 등 동원 가능한 주요 자원 파악하기.

요약

문제 정의는 새로운 맥킨지 5단계 기법에서 가장 까다로운 단계다. 문제 정의 도구는 문제의 방향을 정확히 확인한 후 세부적 측면에서 문제를 정밀하게 정의하는 데 도움을 준다. 배경, 성공 기준, 경계, 제약 조건, 책임자/관계자와 자원이라는 6가지 측면에서 문제 내용을 세분화한다. 이는 '구체적인, 측정 가능한, 실현 가능한, 관련이 있는, 기한이 있는' SMART 원칙을 따라야 한다.

예제

문제 정의 도구를 사용해서 실제 업무에서 자신이 맡은(속해 있는) 프로젝트에서 해결해야 할 문제가 정확히 무엇인지 분석해 본다. 6가지 도구와 SMART 원칙에 맞게 내용을 작성한 후 다음 질문에 대답해보자. 현재 누락된 내용이 있는가? 그 영향은 얼마나 큰가? 어떻게 개선할 것인가?

주

1 적응형 머신러닝Adaptive Machine Learning은 4세대 머신러닝으로, 사람과
   기계 간의 종합적인 학습 환경을 최초로 창출했다. 기존의 원칙에 기반
   한 이지러닝Easy Learning과 딥러닝Deep Learning을 결합하고, 여기에 자율
   적 머신러닝을 추가하여 인간의 키 인풋key input을 좀 더 효율적인 머신
   러닝 레퍼런스로 제공함으로써 예측의 정확도를 크게 강화했다.

2 What Jobs are Affected by AI Report.

3 수입과 원가 증감 시 이윤이 변화하는 원리는 '수입은 늘리고 지출을
   줄이는 것'과 비슷하므로, 편의상 여기서는 따로 논의하지 않겠다.

4 R 프로그램은 무료 오픈 소스의 통계 프로그램으로, 통계분석, 제도, 데
   이터 마이닝에 주로 이용된다.

5 SPSS는 IBM이 출시한 일련의 통계학 분석 도구이며, 클라우드 컴퓨팅,
   데이터 마이닝, 예측 분석, 의사결정 지원 임무에 사용되는 제품 및 관
   련 서비스의 총칭이다.

6 SASStatistical Analysis System는 세계 최대의 민간 프로그램 기업 중 하나
   이며, 미국 노스캐롤라이나주립대학교가 1966년에 개발한 통계분석 프
   로그램이다.

7 WekaWaikato Environment for Knowledge Analysis는 오픈소스로 제공되는 공
   개 프로그램으로 JAVA 환경에 기반한 수입 증가, 지출절감을 위한 기기
   학습 및 데이터 마이닝 프로그램이다.

8 Edward Mize. Data Analytics : The Ultimate Beginner's Guide to Data Analytics.

9 빅토어 마이어 쇤베르거·케네스 쿠키어, 《빅데이터가 만드는 세상》, 이지연 옮김, 21세기북스, 2013.

10 프랜시스 아길라는 1967년에 ETPS 모형을 제시했는데, 나중에 나온 PEST 모형과 내용이 일치하고 순서만 다르다. 게리 존슨Gerry Johnson과 케번 숄즈Kevan Scholes가 1999년에 PEST 모형을 제시했다.

11 Matute, Helena & Blanco, Fernando & Yarritu, Ion & Díaz-Lago, Marcos & Vadillo, Miguel & Barberia, Itxaso. (2015). Illusions of Causality: How They Bias Our Everyday Thinking and How They could be Reduced.

12 위와 동일.

13 맥킨지 내부 교육자료.

14 쿼트 인베스티게이터Quote Investigator의 아인슈타인 명언 해석.

15 Jocko Babin & Ray Manson, Critical Thinking: The Beginners User Manual to Improve Your Communication and Self Confidence Skills Everyday. Independently Published, 2019.

맥킨지 논리력 수업

문제의 핵심을 꿰뚫는 5단계 구조화 전략 사고법

초판 1쇄 발행 2021년 12월 1일
초판 7쇄 발행 2024년 9월 10일

지은이 저우궈위안
옮긴이 차혜정
펴낸이 성의현
펴낸곳 (주)미래의창

편집주간 김성옥
책임편집 최소혜

출판 신고 2019년 10월 28일 제2019-000291호
주소 서울시 마포구 잔다리로 62-1 미래의창빌딩(서교동 376-15, 5층)
전화 070-8693-1719 **팩스** 0507-0301-1585
홈페이지 www.miraebook.co.kr
ISBN 979-11-91464-60-3 (03320)

※ 책값은 뒤표지에 있습니다.

생각이 글이 되고, 글이 책이 되는 놀라운 경험. 미래의창과 함께라면 가능합니다.
책을 통해 여러분의 생각과 아이디어를 더 많은 사람들과 공유하시기 바랍니다.
투고메일 togo@miraebook.co.kr (홈페이지와 블로그에서 양식을 다운로드하세요)
제휴 및 기타 문의 ask@miraebook.co.kr